Kinder & Mathematik

Was Erwachsene wissen sollten

Hartmut Spiegel
Christoph Selter

Klett I Kallmeyer

Prof. Dr. **Hartmut Spiegel**, geb. 1944, ist Diplom-Mathematiker mit Grundschullehrerausbildung. Er arbeitete als Hochschullehrer für Mathematik und ihre Didaktik an der Universität Paderborn. Zahlreiche Veröffentlichungen und Vorträge zum Mathematiklernen im Grundschulalter. Hartmut Spiegel ist mit einer Grundschullehrerin verheiratet, hat einen erwachsenen Sohn und eine erwachsene Tochter. Er lebt in Paderborn (NRW).
Kontakt: hwsp@me.com
URL: http://math-www.upb.de/~hartmut/index_main.html

Prof. Dr. **Christoph Selter**, geb. 1961, ist Grundschullehrer und Diplom-Pädagoge. Er arbeitet als Hochschullehrer für Mathematikdidaktik an der TU Dortmund. Zahlreiche Veröffentlichungen und Vorträge zum Mathematiklernen im Grundschulalter. Christoph Selter ist mit einer Grundschullehrerin verheiratet, hat einen erwachsenen Sohn und lebt in Gevelsberg (NRW).
Kontakt: christoph.selter@tu-dortmund.de
URL: http://www.mathematik.tu-dortmund.de/de/personen/person/Christoph+Selter.html

Bibliografische Information der Deutschen Nationalbibliothek
Die Deutsche Nationalbibliothek verzeichnet diese Publikation in der Deutschen Nationalbibliografie; detaillierte bibliografische Daten sind im Internet über http://dnb.d-nb.de abrufbar.

Impressum

Hartmut Spiegel/Christoph Selter
Kinder & Mathematik
Was Erwachsene wissen sollten

12. Auflage

Das Werk und seine Teile sind urheberrechtlich geschützt. Jede Nutzung in anderen als den gesetzlich zugelassenen Fällen (gemäß § 60 a UrhG) bedarf der vorherigen schriftlichen Einwilligung des Verlages.
Das gedruckte Werk unterliegt den Regelungen für den Einsatz an Schulen, weitere Infos siehe www.schulbuchkopie.de.
Der Verlag untersagt ausdrücklich das Herstellen von digitalen Kopien des ganzen Werkes, das Speichern und Zurverfügungstellen dieses Werkes in Netzwerken (das gilt auch für Schulserver, Cloudsysteme und Intranets sonstiger Bildungseinrichtungen), per E-Mail, Internet oder sonstigen elektronischen Medien außerhalb der gesetzlichen Grenzen.
Sofern vorhanden: Es dürfen zur Verfügung gestellte Kopiervorlagen / Schülermaterialien für alle Teilnehmenden der eigenen Klasse / des eigenen Kurses für derzeitige und zukünftige Lerngruppen (auch digital) vervielfältigt/bereitgestellt werden.
Dies gilt jedoch nicht für Musikstücke. Die digitale Weitergabe der Kopiervorlagen / der Schülermaterialien an die Teilnehmenden (z. B. über E-Mail, Schulserver, LMS, Cloud-Systeme etc.) muss dabei unter Zugriffsbeschränkungen für den Kreis der Berechtigten erfolgen.
Die (analoge wie digitale) Weitergabe von Kopiervorlagen / Schülermaterialien an Kolleg:innen, Eltern oder Schüler:innen anderer Lerngruppen ist nicht gestattet. Editierbare Kopiervorlagen / Dateien dürfen zusätzlich bearbeitet, gespeichert und für Schüler:innen der eigenen Lerngruppe vervielfältigt werden. Die Lizenzinformation und Quellenhinweise des Werkes dürfen nicht entfernt werden.
Die digitale Ausgabe (PDF) dürfen Sie auf Ihren Endgeräten speichern, jedoch nicht weitergeben.
Alle weiteren Bedingungen gelten wie oben entsprechend.
Die automatisierte Analyse des Werkes, um daraus Informationen insbesondere über Muster, Trends und Korrelationen gemäß § 44b UrhG („Text- and Datamining") zu gewinnen, ist untersagt.

© 2025. Kallmeyer in Verbindung mit Klett
Friedrich Verlag GmbH
Luisenstraße 9
D-30159 Hannover
Alle Rechte vorbehalten.
www.friedrich-verlag.de

Foto (Titel): David Ausserhofer
Druck: Plump Druck & Medien GmbH, Rolandsecker Weg 33, 53619 Rheinbreitbach
Printed in Germany

ISBN (print): 978-3-7800-5238-4
ISBN (E-Book): 978-3-7727-9045-4

ZUM GELEIT

Ranga Yogeshwar[1]

Seitenlange Tabellen, Multiplizieren, Dividieren – und Annika behält am Ende vier Murmeln mehr als Dieter. Wozu das Ganze?

Mathematik im Schulunterricht hat sich, von wenigen Ausnahmen einmal abgesehen, nie in ihrer vollen Schönheit entfalten können. Statt das Tor in phantastische und phantasievolle abstrakte Universen aufzustoßen, statt die Spannkraft und Eleganz der Zahlenreihen zu entdecken oder die Geometrie im Spiel der Dimensionen zu erleben, reduzierte die Schulmathematik das Grandiose stets zu einem schlichten kalkulierbaren Kochrezept, befolgt von willigen Nachahmungstätern. Man nehme …

Kopieren statt entdecken – der Lösungsweg war nie ein neuer und persönlicher Weg unter vielen, vielen denkbar anderen, sondern der Weg des Lehrers, der einzig seligmachende Weg, breitgetreten von unzähligen Schülergenerationen, die schon zuvor so und nur so zur Lösung getrieben wurden. Wer vom „rechten Weg" abkam, wurde mit roten Kommentaren ermahnt, denn nur so lassen sich Schularbeiten per Schablone verbessern – wie einfach – wie einfallslos!

In zahlreichen Beispielen belegen die Autoren Hartmut Spiegel und Christoph Selter, wie entscheidend die sensible Diagnose kindlicher Kombinationsketten für ein wahres Mathematikverständnis ist. Das vorliegende Werk ist überfällig, ein Versuch, die Mathematik von jener Konformität zu befreien, unter der sie zu ersticken droht. Ja, es ist der Versuch, die Mathematik den Buchhaltern und Krämern zu entreißen und sie den Phantasten und Entdeckern und unseren Kindern wiederzugeben – es darf wieder gedacht und gespielt werden!

Warum und für wen wir dieses Buch geschrieben haben

Wie es so läuft: Im Freundeskreis wird erzählt, ein Wort gibt das andere und irgendwann geht's um Berufliches, in unserem Fall um Mathematik. Schnell werden Erinnerungen aus der Schulzeit aller Beteiligten hervorgekramt, meist unangenehme. Für den einen war das Rechnen schon immer ein Buch mit sieben Siegeln. Die andere fühlte sich im Mathematikunterricht nicht ernst genommen und verlor darüber das Interesse. Einen Dritten plagten Alpträume vor jeder Klassenarbeit.

Genau genommen ist also nicht die Mathematik an sich das Thema in Gesprächen wie diesen, sondern die leider so oft unbefriedigende Beziehung, die viele mit ihr teilen. Zieht man darunter einen Strich, sieht das Ergebnis traurig aus. Mathematik erscheint in diesem Licht wie eine Sammlung von mehr oder weniger komplizierten Rezepten und Vorschriften, die man nicht verstehen kann, aber auch nicht verstehen muss, weil vieles davon auch mechanisch angewendet werden kann.

Dem Mathematikunterricht ergeht es in der Erinnerung nicht besser. Hier lernte man vor allem dem eigenen Denken nicht zu trauen und der vorgegebenen Lösungsmöglichkeit zu folgen. So wurden Schüler zu Rotkäppchen, die mit dem Rechenweg die Warnung erhielten: Verlass ihn nicht, du weißt, im Zahlendickicht lauert der Wolf, sprich: der Fehler. Diese Haltung beendet naturgemäß jede mathematische Entwicklung. Denn wer nicht neugierig sein darf, verliert die Lust. Und ohne Lust lasst es sich nicht gut lernen.

Es geht aber auch anders. Denn wie sehr Kinder tatsächlich in der Lage sind, kreativ und erfolgreich mit Mathematik umzugehen, das haben wir in zahlreichen Gesprächen und Beobachtungen mit ihnen erlebt. Und diese Erlebnisse möchten wir mit Ihnen teilen. Von Kindern zu lernen, zu erfahren wie Kinder wirklich denken, das wollen wir Ihnen durch dieses Buch ermöglichen. Wir nehmen Sie mit auf eine ‚Entdeckungsreise in die Welt des mathematischen Denkens von Kindern', eine Reise, in deren Anschluss Sie deren mathematische Überlegungen anders sehen und ihnen in diesem Bereich anders begegnen werden als zuvor.

Sie werden erfahren, dass es beim Umgang mit Kindern weniger darum geht, diese möglichst schnell über das zu belehren, was Erwachsene für angemessen und richtig halten. Stattdessen ist es wichtig, sie zu ermuntern, sich zu äußern und Fragen zu stellen, ihnen zuzuhören, ihr Denken ernst zu nehmen, sie verstehen zu wollen und sie im Vertrauen auf die Kraft ihres eigenen Denkens zu stärken.

Wen das interessieren soll? Für wen wir dieses Buch geschrieben haben? Für alle,

- → denen Kinder am Herzen liegen,
- → die Kinder besser verstehen wollen,
- → die Kinder so ernst nehmen wollen, wie es ihnen gebührt, und für jene,
- → die wissen wollen, was man richtig und was man falsch machen kann, wenn man Kindern beim Lernen von Mathematik helfen will.

Ein Buch also für Eltern, Großeltern, Erzieherinnen und Erzieher, Sozialpädagoginnen und -pädagogen, Schulpsychologinnen und -psychologen, Grundschullehrerinnen und -lehrer, Sonderpädagoginnen und -pädagogen, Lehrerinnen und Lehrer der weiterführenden Schulen, Lehrerausbilderinnen und -ausbilder, …

Ein Buch über Kinder und Mathematik wäre aber unvollständig, wenn nicht auch etwas dafür getan würde, das Bild von der Mathematik als Rezeptsammlung zu verändern. Daher laden wir Sie ein, ausgehend von einfachen für die Grundschule geeigneten Fragestellungen selbst ein wenig Mathematik zu betreiben. Keine Sorge – wir wollen ja, dass Sie Freude daran haben, bekommen und behalten. Was derzeit Stoff und Ziele des Mathematikunterrichts in der Grundschule sind und wie sich das Problem des Umgangs mit leistungsschwachen und leistungsstarken Kindern darstellt – auch darüber werden Sie in diesem Buch informiert.

Wir haben uns besonders um Lesbarkeit bemüht und meinen, dass man Vieles mit Spaß und ohne allzu große Anstrengung lesen kann. Für diejenigen von Ihnen, die sich mit einzelnen Themen unseres Buches intensiver auseinander setzen wollen, haben wir über die Kapitel verstreut einige kleine Denkanstöße vorgesehen.

Um diesen nachzugehen, brauchen Sie etwas mehr Zeit. Sie werden auf diesem Wege selbst Erfahrungen machen können, die Ihnen helfen, das noch besser zu verstehen, woran uns liegt. Sie werden feststellen, dass es sich lohnt!

Wir hoffen, dass Sie dieses Buch mit Gewinn und mit Vergnügen lesen werden. Wenn Sie noch mehr über das Denken von Kindern erfahren wollen, empfehlen wir das Kira-Buch (Götze, Selter, Zannetin, 2019).

Letztlich möchten wir auf die Website des Projekts proprima.dzlm.de und speziell für Eltern auf **PIKAS.DZLM.DE/NODE/1335** hinweisen. Wenn Sie konkrete Anregungen zur Förderung Ihrer Kinder suchen: mahiko.dzlm.de. Schauen Sie dort einmal vorbei. Es lohnt sich.

Kinder & Mathematik
Was Erwachsene wissen sollten

INHALT

4 Warum und für wen wir dieses Buch geschrieben haben

KAPITEL 1
8 Erkennen Sie die Fähigkeiten Ihres Kindes!

Warum Kinder Schafe und Ziegen zusammenzählen, um das Alter eines Kapitäns zu ermitteln

KAPITEL 2
16 Kinder denken anders

Warum ein halber Bus zum Auswärtsspiel fahren muss

KAPITEL 3
26 Kinder sind Entdecker

Warum man Kindern ermöglichen sollte, eigene Lösungswege zu gehen

KAPITEL 4
36 Mit Fehlern darf gerechnet werden

Warum ‚ENIE' ein Grund zur Belustigung wie auch zur Verärgerung sein kann

KAPITEL 5
44 Mathematik ist keine bittere Medizin

Was eine Münzreihe und Lotto miteinander zu tun haben

KAPITEL 6
60 Was Kinder am Ende der Grundschulzeit können sollten

Warum Ausrechnen-Können nicht ausreicht

KAPITEL 7
78 Was ist Leistung im Mathematikunterricht?

Warum unterstützen wichtiger ist als auslesen

KAPITEL 8
86 Rechenschwäche ist keine Krankheit

Wie Erwachsene Kinder manchmal beim Lernen behindern

KAPITEL 9
98 Das leistungsstarke Kind – das vernachlässigte Kind?

Warum Matilda von ihrem Vater als Lügnerin und Betrügerin bezeichnet wird, obwohl sie richtig rechnet

108 Nachwort

110 Anmerkungen und Literatur

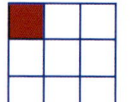 KAPITEL 1

Warum Kinder Schafe und Ziegen zusammenzählen, um das Alter eines Kapitäns zu ermitteln

Was glauben Sie, wie Kinder auf die Aufgabe ‚Auf einem Schiff befinden sich 16 Schafe und 12 Ziegen. Wie alt ist der Kapitän?' reagieren? Werden sie sagen, dass man keine Lösung angeben kann? Oder werden sie die 16 und die 12 zusammenzählen und als Antwort ermitteln, dass der Kapitän 28 Jahre alt sei? Wir haben vier ähnliche Aufgaben einmal Kindern eines 3. Schuljahres vorgelegt.[1]

→ Ein Hirte hat 19 Schafe und 13 Ziegen.
   Wie alt ist der Hirte?

→ Ein 27 Jahre alter Hirte hat 25 Schafe und 10 Ziegen.
   Wie alt ist der Hirte?

→ In einer Klasse sind 13 Jungen und 15 Mädchen.
   Wie alt ist die Lehrerin?

→ Ein Bienenzüchter hat 5 Bienenkörbe mit jeweils 80 Bienen.
   Wie alt ist der Bienenzüchter?

ZUM AUSPROBIEREN

Vielleicht haben oder kennen Sie Kinder im Alter von 8 oder 9 Jahren, denen Sie diese Aufgaben vorlegen können.
Beobachten Sie die Kinder und befragen Sie sie dazu, was sie sich überlegen, während sie die Aufgaben bearbeiten.
Bei älteren oder jüngeren Kindern können Sie die Zahlenwerte vereinfachen oder erschweren. Es wird sicherlich interessant sein, Ihre eigenen Beobachtungen auf die folgenden Ausführungen zu beziehen.

Das Kapitänsaufgaben-Phänomen

In unserer Untersuchung berechneten *sämtliche* Schüler bei *allen* Aufgaben ein Ergebnis. Selbst bei der zweiten Aufgabe, in der das Alter des Hirten doch ganz deutlich angegeben worden war, hatten die Kinder addiert oder subtrahiert. Ein Kind beispielsweise, Sebastian, hatte die drei Zahlen addiert (27 + 25 + 10), während sein Mitschüler Dennis die ersten beiden zusammengezählt und die dritte davon abgezogen hatte (27 + 25 −10).

Als wir das bemerkten, baten wir die Kinder, sich den Text noch einmal ganz genau durchzulesen. Die Kinder sollten merken, dass das Alter des Hirten doch klar erkennbar im Text enthalten war. Aber es kam ganz anders …

SEBASTIAN: *Ich weiß es. Ein 27 Jahre alter Hirte, da muss man die 25 noch dazu zählen. Und die 10 Ziegen, die laufen ja nicht weg!*
FRAGE: Die laufen nicht weg?
SEBASTIAN: *Ne, hab' ich ja geschrieben!*
FRAGE: Und was musst du da rechnen?
SEBASTIAN: *27 plus 25 plus die 10.*
FRAGE: Weil die Ziegen nicht weglaufen?
SEBASTIAN: *Ja.*
FRAGE: Und was meinst du? (ZU DENNIS)
DENNIS: *Die laufen weg! Der passt da nicht 'drauf auf!*

Sebastian und Dennis gaben allen Ernstes an, dass hinzukommende oder weglaufende Tiere Einfluss auf das Alter des Hirten hätten. Zuvor hatten sie bei der Aufgabe ‚Ein Hirte hat 19 Schafe und 13 Ziegen.' ihren Rechenweg wie folgt erklärt: „*Wir haben die Schafe und die Ziegen zusammengezählt. Da kommt dann 'raus, wie alt der Hirte ist!*" Die sonst so aufgeweckten Kinder hatten an diesem Morgen ihren Verstand mit Betreten des Klassenzimmers offenkundig ausgeschaltet.

Dieser Eindruck wird durch weitere Forschungsergebnisse zum Kapitänsaufgaben-Phänomen gestützt. So nahmen an einer anderen Erhebung mehr als 300 Vorschulkinder bzw. Grundschüler teil.[2] Die Ergebnisse sind aufschlussreich: Während von den Kindergartenkindern bzw. den Erstklässlern nur etwa 10% der Kapitänsaufgaben ‚gelöst' wurden, lagen die entsprechenden Prozentsätze bei den Schülern des 2. Schuljahrs (etwa 30%) sowie der 3. bzw. 4. Klasse (zwischen 54 und 71%) ungleich höher.

Die Vermutung liegt nahe, dass Mathematik von vielen Schulkindern als eine Art Spiel mit künstlichen Regeln angesehen wird, das keine Beziehungen zur außerschulischen Lebenswirklichkeit aufweist. Dass bestimmte Lösungen mit der Realität oder den Bedingungen einer Aufgabe nicht vereinbar sind, wird von vielen Grundschülerinnen und Grundschülern wohl nicht erkannt.

Eine andere Sichtweise

Jedoch: Ist das wirklich so? Sind die Kinder wirklich ‚geistig umnachtet'? Oder deuten wir ihr Verhalten nur so? Blenden sie die Bedeutung wirklich aus? Oder konstruieren sie einen anderen Zusammenhang?

Und: Wie würden sich die Kinder verhalten, wenn sie die Aufgaben nicht von Erwachsenen in der Schule, sondern von Gleichaltrigen am Nachmittag gestellt bekämen? Wie würden sie reagieren, wenn man eingangs anmerken würde, einige der Aufgaben seien lösbar, andere allerdings nicht? Oder was würde geschehen, wenn eine unbeteiligte Person den Kindern vorab einige Scherzaufgaben ankündigen würde?

Mit diesen Fragen im Hinterkopf wurden die Aufgaben denselben Kindern einige Wochen später nochmals gestellt. Die Untersuchung wurde also gewissermaßen wiederholt, allerdings unter

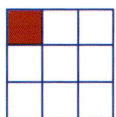

veränderten Bedingungen. Bevor den Kindern die Aufgaben vorgelegt wurden, wurde ihnen gesagt, dass einige der Aufgaben lösbar sein würden, andere nicht. Außerdem wurde bei der Auswertung bewusst danach geschaut, was die Schülerinnen und Schüler dazu veranlasste, die Kapitänsaufgaben auszurechnen, und wie sie ihr Vorgehen rechtfertigten.

Tatsächlich sagten nun deutlich mehr Schüler, dass die Aufgaben nicht zu berechnen seien. Vielen Kindern war zudem klar, dass sie die Zahlenangaben eigentlich nicht miteinander verknüpfen durften. Andererseits, so ihre Überlegung, musste die Lösung irgendwo im Text versteckt sein. Denn die Schülerinnen und Schüler hatten gelernt, dass im Mathematikunterricht jede Aufgabe eine Lösung hat: *„Eigentlich kann das nicht stimmen. Aber sonst kann man ja nichts rechnen!"* Und wenn dann ein unsinniges Ergebnis herauskam, gaben nicht wenige Kinder es eben an und wiesen – so wie Julia – die Schuld dafür dem Aufgabensteller zu.

LEHRER: Du hast 10 Bleistifte und 20 Buntstifte. Wie alt bist du?
JULIA: *30 Jahre alt!*
LEHRER: Aber du weißt doch genau, dass du nicht 30 Jahre alt bist!
JULIA: *Ja, klar. Aber das ist nicht meine Schuld. Du hast mir die falschen Zahlen gegeben!*

Nicht wenige Kinder versuchten, die Aufgaben in einen anderen Zusammenhang zu stellen. Dabei entwickelten sie zum Teil sehr kreative ‚Rechtfertigungen' dafür, dass sie ein Ergebnis errechneten:

- *Der Hirte hat in jedem Jahr, das er gelebt hat, ein Schaf oder eine Ziege zum Geburtstag geschenkt bekommen.*

- *Der Hirte konnte sich nie merken, wie alt er denn nun ist. Deshalb hat er sich für jedes Lebensjahr ein Tier gekauft. Wenn er wissen will, wie alt er ist, muss er nur noch seine Tiere zählen.*

- *In der Aufgabe ist es halt so, dass der Hirte genauso viele Tiere hat, wie er alt ist. Kann doch sein!*

- *Wenn man Geburtstag hat, dann schenkt man sich halt 30 Rosen oder so was. Der Hirte hat eben 36 Tiere geschenkt bekommen.*

- *Man muss bei der vierten Aufgabe ja was rechnen. Wenn der Hirte 27 Jahre wäre, würde da ja nicht stehen ‚ein 27 Jahre alter', sondern ‚ein 27 Jahre junger Hirte'.*

Wie alt ist der Kapitän?

In diese Richtung gehen auch die folgenden Beispiele aus der Schweiz.[3] Hier wurde Schülerinnen und Schülern die Frage nach dem Alter des Kapitäns in Form einer sog. Bild-Text-Aufgabe gestellt. Zudem wurden die Kinder gebeten aufzuschreiben, was sie sich bei der Lösung überlegt haben. Was glauben Sie, wie die Schülerinnen und Schüler hier vorgegangen sind? Anders als bei reinen Textaufgaben?

Etwa 2/3 der Kinder suchten im Bild nach Zahlen. Diese verknüpften sie miteinander und kamen so zu ihrer Antwort, die meistens 28 lautete. Als Begründung gaben sie in der Regel an: *„Ich habe die Schafe und die Ziegen gezählt."* Auch diese Schülerinnen und Schüler schienen der Auffassung zu sein, dass im Mathematikunterricht jede Aufgabe eine Lösung hat. Wie kreativ sie allerdings bei dieser Suche nach der ‚richtigen' Lösung waren, zeigt die nebenstehende Zusammenstellung einiger Kommentare:

→ *Ich dachte ein Kapitän ist sicherlich sehr alt. Darum habe ich geschrieben: 100 Jahre alt.*

→ *Ich habe einen Film gesehen und da ist der Kapitän 36 Jahre alt gewesen. Dann habe ich gedacht, dass der Kapitän 36 Jahre alt ist.*

→ *20 Jahre alt, weil ein Schaf nicht viel älter werden kann.*

→ *Der Kapitän ist 123 Jahre alt; weil wir mit Hundertern rechnen, muss es als Antwort auch eine Zahl mit 100 geben.*

→ *Wenn man Geburtstag hat, schenkt man 30 Rosen oder eben halt 12 Ziegen und 16 Schafe. Dann habe ich es zusammengezählt. Und dann habe ich beschlossen, dass der Kapitän 28 Jahre alt ist. PS: Alles Gute!*

→ *Ich habe zuerst die Tiere gezählt und dann mal 2 gerechnet. Ich habe mir überlegt, wenn es 28 Tiere sind, ist der Kapitän doppelt so alt. Ich finde die Aufgabe ein bisschen komisch, weil da steht ‚Wie alt ist der Kapitän?', obwohl gar keiner da ist.*

→ *Ich habe alle Schafe und alle Ziegen zusammengezählt. Und dann bekam ich die Antwort. Aber ich fürchte, dass es eine Scherzfrage ist – sozusagen wie auch alle anderen Aufgaben, die wir in der Schule machen.*

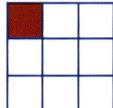

Der kompetenzorientierte Blick

Es erweist sich als entscheidender Gesichtspunkt, aus welchem Blickwinkel man die Kinder und ihr Verhalten wahrnimmt. Entweder man orientiert sich vorrangig an ihren *Fehlern* oder primär an ihren *Fähigkeiten*. Beherzigt man Letzteres, so wird deutlich, dass Überlegungen von Schülerinnen und Schülern oft vernünftiger, organisierter und intelligenter sind, als wir es oberflächlich wahrnehmen. Hierzu ein Beispiel:

> **BEISPIEL**
>
> Die fünfjährige Sarah kann schon recht gut zählen. Stolz sagt sie die Zahlwörter bis 95 auf und fährt fort: „96, 97, 98, 99, hundert, einhundert, zweihundert, dreihundert."
> „Nein, nein, das stimmt nicht. So weit kannst du noch nicht zählen. Es heißt hunderteins, hundertzwei, hundertdrei", wird sie von ihrer Mutter unterbrochen.

Wie Erwachsene auf eigenständige mathematische Gehversuche von Kindern reagieren, das kann prägend sein. Man unterstützt die Kinder am besten, indem man sie und ihr mathematisches Denken ernst nimmt. Daher sollte man zunächst versuchen, ihnen zuzuhören und sie zu verstehen. Das ist besser, als ihnen vorschnell das Richtige vermitteln zu wollen.

Denn so wie Sarah zählen viele Kinder irgendwann einmal. Das heißt aber in der Regel nicht, dass sie in Hunderterschritten (100, 200, 300, …) vorgehen. Vielmehr vollbringen sie eine kreative Leistung. Sie übertragen die Regeln für die Bildung der Zahlwörter, die für die Zahlen von 13 bis 99 gelten, auf größere Zahlen. Zuerst werden die Einer gesprochen: acht-und-neunzig, neun-und-neunzig, hundert, ein-und-hundert, zwei-und-hundert, drei-und-hundert usw. Das ‚und' lassen die Kinder vermutlich weg, weil sie Wörter wie einhundert, zweihundert usw. schon gehört haben, ein-und-hundert dagegen nicht. Außerdem gibt es bei dreizehn oder vierzehn auch kein ‚und'.

Ähnliche Beispiele verdanken wir verschiedenen Untersuchungen mit Kindergartenkindern und Schulanfängern. Ihnen wurden geschriebene Zahlen vorgelegt, und sie sollten das zugehörige Zahlwort angeben. Viele von ihnen konnten dieses schon erstaunlich gut. Und auch wenn sie eine falsche Antwort gaben, war diese oft durchaus vernünftig.

vorgelegt	gesagt
10	*Einszig*
10	*Nullzehn*
12	*Zehnzwei*
12	*Zweizehn*
20	*Zweizig*
86	*Achtundsechzig*
110	*Elfzig*
110	*Zehnhundert*
125	*Fünfundzwanzighundert*

Genau so wie diese Antworten kann auch Sarahs Zählen ganz unterschiedlich wahrgenommen, interpretiert und bewertet werden. Wie, das hängt wesentlich von der eigenen Einstellung gegenüber den Kindern ab. Man kann ihr Denken und Lernen vorwiegend *defizitorientiert* sehen. Dabei orientiert man sich hauptsächlich an dem, was richtig ist, und daran, was die Kinder noch lernen müssen. Abweichungen von dieser Norm bewertet man als Defizite. Solche Fehler müssen verbessert oder – noch besser – verhindert werden.

Im Gegensatz dazu kann man auch versuchen, das Denken und Lernen der Kinder bewusst *kompetenzorientiert* wahrzunehmen. Dann interessiert man sich für das, was die Kinder schon können. Man bemüht sich, ihre Denkweisen grundsätzlich als sinnvolles Vorgehen zu verstehen und den Kindern dieses wohlwollende Interesse auch zu signalisieren.

Natürlich sollte man Kindern hier bisweilen auch Erklärungen geben („Die nächste Zahl könnte sicherlich ‚einhundert' lauten, aber man hat sich darauf geeinigt, sie hunderteins zu nennen!"). Aber das passiert unter der Voraussetzung, dass bei dem, was in den Ohren der Erwachsenen falsch klingt, zumeist viel richtiges Denken beteiligt ist. Dass das für Erwachsene allerdings nicht immer so aussieht, hat damit zu tun, dass es für sie nicht einfach ist, das Denken und Lernen der Kinder zu verstehen. Die Lehrerin in der nebenstehenden Episode hat diesen Wechsel der Perspektive vollzogen.

BEISPIEL

Die Lehrerin versteht

Vor den Zweitklässlern liegt eine Tabelle, in der von links oben nach rechts unten die Zahlen von 1 bis 100 eingetragen worden sind. Die Lehrerin zeigt auf 41, 51, 61 und 71 und fragt, was daran besonders sei. Lina meldet sich: *„Die haben alle dieselbe Vorderzahl!"*

41 42 43 44 45 46 47 48 49 50
51 52 53 54 55 56 57 58 59 60
61 62 63 64 65 66 67 68 69 70
71 72 73 74 75 76 77 78 79 80

Im ersten Moment ist die Lehrerin überrascht. Hat Lina den Aufbau der Zahlen aus Zehnern und Einern noch nicht richtig verstanden, weiß sie nicht, dass 41 aus vier Zehnern und einem Einer besteht? Ist ihr die Struktur dieser Tabelle unklar? Hat sie nicht aufgepasst? Oder hat sie eine Wahrnehmungsstörung, sodass sie zunächst die Einer und dann die Zehner sieht?

Vielleicht hat sich Lina aber auch etwas Vernünftiges überlegt. Die Lehrerin fragt: „Wie meinst du das?" – *„Na, erst kommt ein-undvierzig, dann ein-undfünfzig, dann ein-undsechzig, dann ein-undsiebzig. Immer die Eins vorne!"*, sagt Lina ganz selbstverständlich. Und die Lehrerin versteht.

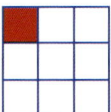

Wie unterschiedlich es wirkt, ob das eigene Denken und Handeln von Anderen defizitorientiert oder kompetenzorientiert wahrgenommen wird, können Sie anhand zweier kleiner Gedankenexperimente leicht nachvollziehen. Stellen Sie sich zunächst vor, Ihnen würde ständig vorgehalten, was Sie im Beruf oder im Alltag alles falsch machen. Das, was Sie gut machen, würde nicht oder nur am Rande erwähnt.

Stellen Sie sich dann vor, Sie würden vorrangig positive Rückmeldungen zu dem bekommen, was Sie gut machen. Dinge, die Sie besser machen könnten, würden ebenfalls angesprochen. Gemeinsam würde schließlich überlegt, wie es insgesamt erfreulicher laufen könnte. Wir sind uns ziemlich sicher, für welche Art von Rückmeldungen Sie sich entscheiden würden.

In den folgenden drei Kapiteln werden wir diese kompetenzorientierte Perspektive einnehmen und wichtige Merkmale des mathematischen Denkens und Lernens von Kindern darstellen. Dabei werden wir drei Thesen aufstellen und belegen:

- **Kinder denken anders**
- **Kinder sind Entdecker**
- **Fehler sind normal**

Link: *kira.dzlm.de/node/798*

DAS WICHTIGSTE KOMPAKT

→ Viele Kinder geben bei der Aufgabe ‚Auf einem Schiff sind 26 Schafe und 10 Ziegen. Wie alt ist der Kapitän?' die Antwort ‚36 Jahre alt', ohne anzumerken, dass man dessen Alter mit den gegebenen Daten eigentlich nicht ausrechnen kann.
Ihr Verstand scheint betäubt zu sein.

→ Viele Kinder wissen aber, dass sie mit der Anzahl der Tiere nicht das Kapitänsalter ermitteln können. Dass sie trotzdem die Antwort ‚36' geben, hat damit zu tun, dass sie sich so verhalten, wie es von ihnen erwartet wird: Sie verknüpfen die Zahlenangaben einer Textaufgabe, weil man das in der Schule immer so macht, und sind häufig in der Lage, dieses Verhalten durch kreative Kommentare zu rechtfertigen.

→ Das Kapitänsaufgaben-Phänomen ist ein typisches Beispiel dafür, dass Überlegungen von Kindern häufig sinnvoller sind, als es den Anschein hat.
Um das zu erkennen, sollten Erwachsene sich nicht nur an deren Fehlern orientieren, sondern immer auch an deren Fähigkeiten.

KAPITEL 2

Warum ein halber Bus zum Auswärtsspiel fahren muss

KINDER DENKEN ANDERS

Im Unterricht, aber auch außerhalb der Schule, entwickeln viele Kinder erstaunliche Fähigkeiten. Nicht immer nehmen Erwachsene diese wahr. Dann kann bei den Kindern der Eindruck entstehen, dass ihre Gedanken nicht wirklich ernst genommen werden. Sie denken dann, dass es hauptsächlich darauf ankommt, so zu denken und sich so zu verhalten, wie es von ihnen erwartet wird. Aber …

Kinder können mehr, als wir erwarten

Der siebenjährige Leo und der sechsjährige Jona sitzen mit ihrem Vater am Tisch und spielen Roulette. Das Spiel besteht bekanntlich aus dem Roulette-Kessel und dem Spielplan, auf dessen Felder Spielmarken gelegt werden. Die Zahlenfelder von 1 bis 36 sind in 3 Spalten angeordnet, die Hälfte dieser Felder ist rot, die andere Hälfte schwarz hinterlegt. Man kann auf ein Feld mit einer Zahl legen und erhält dann insgesamt das 36-Fache seines Einsatzes zurück, wenn die Kugel im Kessel bei genau dieser Zahl liegen bleibt.

Leo und Jona spielen aber zunächst mal eine ganze Zeit lang „rot oder schwarz", d.h. sie legen ihre Spielmarke auf das rote oder das schwarze Feld an der Seite, und wenn ihre Farbe kommt, erhalten sie das Doppelte ihres Einsatzes. Der Vater fungiert als Bank und zieht Einsätze ein oder zahlt Gewinne aus.

Nach einiger Zeit wechseln beide ihre Strategie und vermuten vorab, ob eine gerade oder eine ungerade Zahl kommt. Ist die Kugel in eine Kammer gefallen, kann Leo das schon sicher unterscheiden, Jona in den meisten Fällen.

Nun gibt es im Roulette-Kessel nicht 36, sondern 37 Kammern, eine zusätzliche Kammer für die 0. Entsprechend gibt es auch auf dem Spielfeld einen Platz für die 0. Die Regeln beim Roulette sind recht kompliziert, sodass es zu weit führen würde, hier zu erläutern, was passiert, wenn die Kugel in der Kammer mit der 0 liegen bleibt.

Man kann aber festhalten, dass man nicht gewinnt, wenn man seine Spielmarke auf „gerade" gelegt hat. Der Vater hat die ursprüngliche Regel vereinfacht und kassiert den Einsatz von Leo und von Jona ein, die beide auf „gerade" gelegt hatten: „0 ist ja keine gerade Zahl. Die Bank gewinnt. Vielen Dank."

Leo protestiert: „Doch, 0 ist eine gerade Zahl. Schau mal: Wenn ich nichts habe, und wir beiden teilen uns das, dann haben wir beide gleich viel, und deshalb ist 0 gerade."

„Ne, 0 ist 0, da kann man nix teilen", beendet der Vater den Dialog. „Neues Spiel, neues Glück."

Doch Leo hat recht. 0 ist eine gerade Zahl, sie ist ohne Rest durch 2 teilbar, genauso wie zum Beispiel auch -2 oder -4.

Dass der Vater keine Chance hatte, die Genialität der Erklärung von Leo zu erkennen, hat sicherlich auch damit zu tun, dass er nicht im Traum daran dachte, Leo könne in Mathematik zu solchen Erkenntnissen kommen. Dass Kinder aber mehr können, als wir erwarten, gilt auch in anderen Zusammenhängen.[2]

So ist beispielsweise die Auffassung noch recht weit verbreitet, dass viele Schulanfänger in den ersten sechs Lebensjahren so gut wie keine mathematischen Kompetenzen erworben haben. Aber sind Schulanfänger automatisch auch Lernanfänger? Mit dieser Frage haben wir uns vor einigen Jahren befasst.

Unter anderem haben wir fast 900 Erstklässlern kurz nach ihrer Einschulung sechs Aufgaben vorgelegt[3] (s. S. 18). Sie bezogen sich auf Inhalte, die im Rechenunterricht des 1. Schuljahres behandelt werden: Größenbeziehungen erkennen (Was ist kleiner, was ist größer?), Zahlsymbole kennen, rückwärts zählen, Anzahlen bestimmen, addieren und subtrahieren. Jede Aufgabe befand sich auf einem separaten Blatt Papier, das die Schüler nacheinander bearbeiteten. Die Aufgaben wurden ihnen von ihren Lehrerinnen vorgelesen.

Die sechs Aufgaben wurden außerdem mehr als 400 Personen vorgelegt, die als Grundschullehrerinnen tätig waren oder diesen Beruf anstrebten. Sie wurden bei jeder der Testaufgaben um ei-

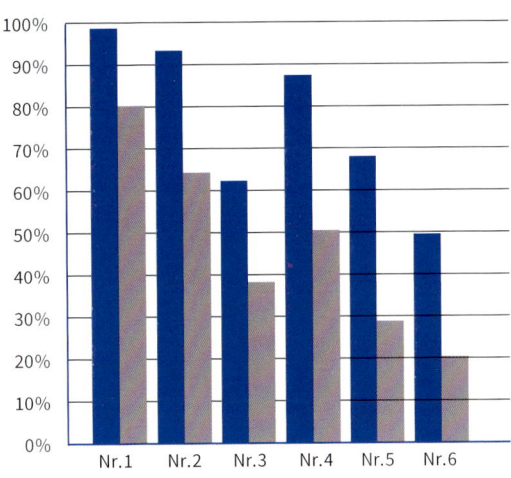

ne Einschätzung gebeten, wie viel Prozent der Kinder zu Beginn des 1. Schuljahrs wohl in der Lage sein würden, eine richtige Lösung anzugeben. Wir empfehlen Ihnen, dieses zunächst einmal selbst zu schätzen (vgl. S. 18). Vielleicht haben Sie auch die Gelegenheit, die Aufgaben Kindern aus dem Kindergarten oder dem 1. Schuljahr zu stellen.

Nun zu den Ergebnissen unserer Untersuchung. Die blauen Säulen in der Abbildung oben zeigen, dass bei den Nummern 1, 2 und 4 der größte Teil der Kinder die korrekte Lösung markierte. Bei den Aufgaben 3 und 5 gaben knapp zwei Drittel und bei der Nummer 6 immerhin etwa die Hälfte die richtige Antwort an. Die grauen Säulen geben jeweils an, wie viel Prozent der Kinder nach Einschätzung der Lehrerinnen die richtige Antwort angeben würden.

Es zeigt sich, dass die Lehrerinnen vergleichsweise sicher in der Lage waren, den *relativen* Schwierigkeitsgrad der einzelnen Aufgaben einzuschätzen. Es lassen sich jeweils recht stabile Unterschiede zwischen Leistung und Schätzung feststellen. Andererseits ist aber auch deutlich zu erkennen, dass die Schätzwerte ausnahmslos geringer ausfielen als die von den Erstklässlern gezeigten Leistungen. Die Kinder konnten also mehr, als die Experten für kindliches Lernen vermuteten.

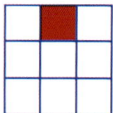

ZUM AUSPROBIEREN

1. Auf dem Bild siehst du drei Häuser. Male ein Kreuz auf das höchste Haus!

2. Auf dem Bild sind fünf Kinder mit BMX-Rädern. Male ein Kreuz auf das Schild mit der Nummer 5!

3. Auf dem Bild ist eine Rakete. Bevor eine Rakete von der Erde in den Weltraum abhebt, zählt man rückwärts. Auf dem Bild hat jemand angefangen zu zählen. 10 – 9 – 8 – … Welche Zahl kommt jetzt? Kreuze sie an!

4. Auf dem Bild siehst du einige Kreise. Ich möchte, dass du 9 Kreise ausmalst!

5. Ein Kind hat bei einem Spiel einmal 3 und einmal 4 Punkte erzielt. Wie viele Punkte sind das zusammen? Kreuze die richtige Zahl an!

6. Ein Kind hat 10 Euro in seinem Portmonee und kauft sich eine Brille für 8 Euro. Wie viel Euro bleiben übrig? Kreuze an!

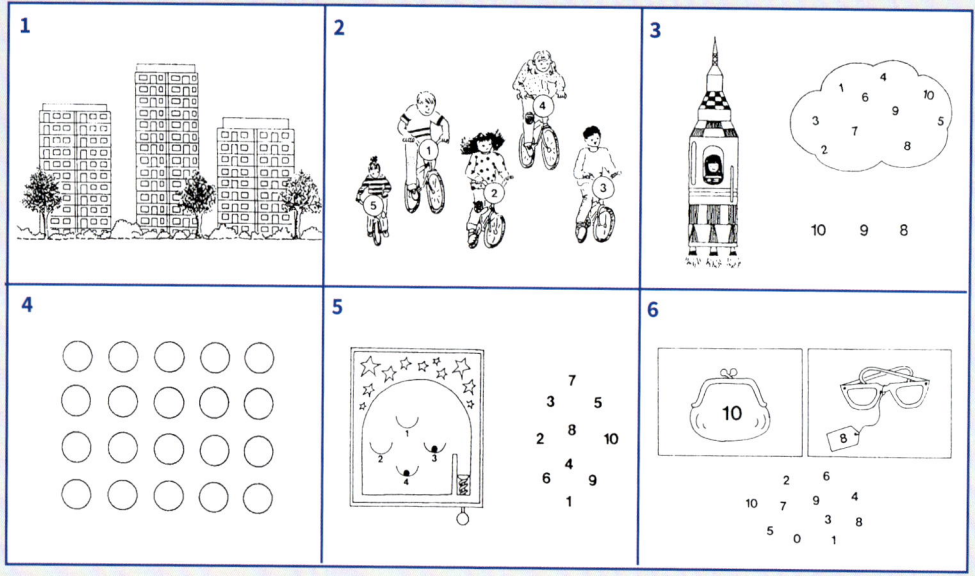

Eine ganze Reihe weiterer Untersuchungen wies ebenfalls nach, dass viele Schulanfänger über beträchtliche und häufig überraschend hohe Vorerfahrungen verfügen.[4] Der Schulanfang ist also keine ‚Stunde Null'. Zahlreiche Kinder sind mathematisch schon vergleichsweise kompetent. Allerdings können die Unterschiede innerhalb einer Lerngruppe auch sehr groß sein. Es gibt sogar Klassen, in denen einige Schulanfänger bereits so rechnen wie Zweitklässler, während andere noch nicht fehlerfrei bis 20 zählen können. Wir wollen jedoch nicht nur über Schulanfänger berichten, sondern auch vergleichbare Beispiele von älteren Schülern geben. Dabei werden wir aufzeigen, dass Kinder häufig anders denken,

- → als wir Erwachsenen denken,
- → als wir es vermuten,
- → als wir es möchten,
- → als andere Kinder und
- → als sie selbst in anderen Situationen.

Kinder denken anders, als wir Erwachsenen denken

Die Denkwege von Kindern unterscheiden sich manchmal deutlich von den Vorgehensweisen, die wir als Erwachsene benutzen.[5] Mehr als das: Sie sind manchmal so intelligent, dass wir Erwachsenen große Schwierigkeiten haben, sie in ihrer Originalität und Kreativität zu erkennen.

Die meisten Erwachsenen hätten die Lösung vermutlich auf ganz andere Weise erhalten als Annika in dem nebenstehenden Beispiel.

BEISPIEL

In einem 4. Schuljahr wurde in einer Klassenarbeit die folgende Aufgabe gestellt:
„Der Apotheker füllt 1,750 kg Salmiakpastillen in Tüten zu je 50 g. Wie viele Tüten erhält er?"
In Annikas Arbeit war die folgende Lösung zu finden:

$$
\begin{array}{ll}
1{,}750 \text{ kg} : 50 \text{ g} & 2 \cdot 7 = 14 \\
& 1 \cdot 1 = 1 \\
& 2 \cdot 10 = 20 \\
\hline
& 35
\end{array}
$$

Antwort: Der Apotheker erhält 35 Tüten.

Bei der Durchsicht der Arbeit verstand die Lehrerin Annikas Lösungsweg nicht. Da es ihr nicht nur auf richtige Ergebnisse, sondern auch auf richtige Rechenwege ankam, wusste sie nicht, wie sie die Lösung bewerten sollte. Zwei Kollegen, denen sie die Arbeit zeigte, hatten ebenfalls den Eindruck, dass nichts Richtiges dahinter steckte und das Endresultat irgendwo abgeschrieben worden sei. Abends jedoch hatte die Lehrerin eine Vermutung …

Am nächsten Morgen bat sie Annika, die Aufgabe erneut zu lösen. Sie notierte an der Tafel exakt denselben Rechenweg. Daraufhin fragte die Lehrerin die anderen Schüler, was Annika wohl gedacht habe. Sebastian erläuterte ihren Rechenweg wie folgt: Sie hatte sich überlegt, dass 100 g zwei 50-g-Tüten seien, 700 g also $2 \cdot 7 = 14$ Tüten. Die fehlenden 50 g der 750 g drückte sie durch die Aufgabe $1 \cdot 1 = 1$ aus. Die Anzahl der Tüten für die restlichen 1000 g berechnete sie entsprechend als $2 \cdot 10 = 20$, da ein Tausender aus zehn Hundertern besteht und jeweils zwei 50-g-Tüten 100 g ergeben. Danach addierte sie $14 + 1 + 20$ und gab die Antwort 35.

Dass Erwachsene nicht oder nicht richtig verstehen, was Kinder meinen, weil sie anders denken, passiert häufiger, als man denkt. Hierzu ein Beispiel:

> **BEISPIEL**
>
> Der Zweitklässler Sven interessierte sich für Fußball. Eines Tages kam er auf die Idee, alle Punkte zusammenzuzählen, die montags in der Zeitung für die Spieler einer Mannschaft vergeben wurden. Er entdeckte einen wundervollen Trick, auf den er sehr stolz war. Um die Summe der Punktzahlen 9, 12, 10, 11, 8, 10, 9, 8, 12, 11, 10, 12 zu ermitteln, ging er sie nacheinander durch und sagte dazu: „119, 121, 121, 122, 120, 120, 119, 117, 119, 120, 120, 122."

Haben Sie Svens Denkweg durchschaut? Wir vermuten, dass Sie die Lösung 122 auf einem anderen Weg erhalten würden. Ein Tipp: Sven hatte zwölf Zahlen zu addieren, die sich alle in der Nähe der Zahl 10 befanden. Eine Erklärung seines Rechenweges finden Sie in den Anmerkungen.[6]

Kinder denken anders, als wir es vermuten

Kinder denken nicht nur anders als wir; sie denken auch anders, als wir es vermuten. So wurde Viertklässlern folgende Aufgabe gestellt:

„Zu einem Auswärtsspiel wollen 820 Fußballfans mit dem Bus anreisen. In jedem Bus können 40 Fans mitfahren. Wie viele Busse müssen fahren?"

Boris rechnete die Aufgabe korrekt aus und notierte zunächst 20 als Ergebnis. Nach einiger Zeit des Nachdenkens änderte er es in 20 1/2 um. Seine Antwort lautete: „Es müssen 20 1/2 Busse fahren."

$$820F : 40 = 20$$
$$\underline{80}$$
$$20$$

Es müssen 20 1/2 Busse fahren.

Zunächst einmal vermutet man, dass Boris den Sachverhalt nicht richtig verstanden hat oder dass er nicht weiß, was er bei Geteiltaufgaben mit dem Rest machen soll. Wir bestreiten keineswegs, dass es Kinder gibt, bei denen dieses der Fall ist.

Aber wir sind der Meinung, dass es falsch ist, diesen eher defizitorientierten Standpunkt von vornherein einzunehmen. Zunächst sollte man dem Kind unterstellen, dass es sich bei seiner Antwort etwas Vernünftiges gedacht hat. Dass man so der Wahrheit näher kommen kann, zeigt sich sehr schön an Boris' Erläuterungen. Denn auf die Frage, was er geschrieben habe, meinte er:

„20 Busse, dazu 1/2 … also nicht 1/2, schon ein ganzer, aber dass da die Hälfte der Leute hineingeht. … Also noch ein Bus, also 21."

Entgegen der ursprünglichen Annahme hatte Boris sich sehr wohl Gedanken über die Deutung des Rests gemacht. Er meinte jedoch gar nicht einen halben – in der Mitte durchgeschnittenen – Bus, sondern einen halb vollen! So gesehen, ist seine ursprüngliche Interpretation des Restes (1/2 heißt halb voll) eigentlich viel informativer als die in der Regel als korrekt angesehene Antwort 21. Kinder denken anders, als wir es vermuten. Hierzu noch ein weiteres Beispiel.[7]

BEISPIEL

Nicht vergessen – aufgegessen

Die Familie sitzt beim Abendbrot. Der dreieinhalbjährige Fabian zählt seine Häppchen. „Eins – zwei – drei – vier – fünf – sechs – sieben – acht – neun." Dann isst er ein ‚Häppchen' auf und zählt erneut: „Eins – zwei – drei – vier – fünf – sieben – acht – neun." „Du hast die Sechs vergessen", korrigiere ich ihn. „Es heißt doch fünf – sechs – sieben." Erstaunt sieht er mich an und erklärt: „Nein, die hab' ich nicht vergessen. Die ist doch schon in meinem Bauch."

Kinder denken anders, als wir es möchten

Kinder denken häufig auch anders, als erfahrene Personen – Lehrerinnen, Erzieherinnen, Schulpsychologinnen, Eltern, Großeltern – es für sie als richtig empfinden. Hierzu ein Beispiel: In einem 1. Schuljahr wird behandelt, wie man eine Plusaufgabe rechnet, bei der ein Ergebnis größer als 10 herauskommt. Der Lehrer hat den Kindern beigebracht, zunächst bis zur 10 zu ergänzen und dann den Rest hinzuzuaddieren. Bei 7 + 5 wird also zunächst 7 + 3 = 10 gerechnet und dann 10 + 2 = 12. Der Lehrer möchte diese Strategie anhand einiger Aufgaben festigen. Er fragt Timo:

LEHRER: Wie viel ist 9 + 4?
TIMO: *Wenn es 10 wären, wären es 14, weil 5 + 5 ist ja 10, und 4 dazu ist 14, aber es ist ja 5 + 4.*

Verstehen Sie, wie Timo denkt? Die Lehrperson jedenfalls kann seine Überlegung nicht nachvollziehen und unterbricht ihn.

LEHRER: Wer kann es dem Timo noch mal erklären?
SINA: *Du musst rechnen 9 + 1 = 10, und dann noch die 3 dazu, macht 13!*
LEHRER: Hast du es verstanden, Timo?
TIMO: (NICKT, WIRKT ABER NICHT ÜBERZEUGT)

Ob Timo diesen Rechenweg wirklich verstanden hat, ist fraglich. Man kann nicht ausschließen, dass er die bejahende Antwort lediglich gibt, um seine Ruhe zu haben. Die Episode ist deshalb so interessant, weil sie eine überraschende Wendung nimmt. Denn einige Minuten später sagt der Lehrer: *„Der Timo hat große Schwierigkeiten in Mathematik. Manchmal glaube ich, er hört mir nicht richtig zu."*

Verkehrte Welt! Ist es nicht der Lehrer, der hier nicht richtig zuhört und Timos gute Überlegung (10 + 4 = 14, also ist 9 + 4 = 13) nicht erfasst? Denn die Aufgabe 9 + 4 auf diese Weise zu lösen, ist doch viel geschickter, als zunächst bis zur 10 und von dort aus weiter zu rechnen. Warum passiert so etwas?

Vermutlich hat der Lehrer eine bestimmte, sicherlich gut gemeinte Vorstellung davon, wie eine solche Aufgabe zu rechnen ist. Er ist so auf dieses Schema fixiert, dass er Schwierigkeiten hat, andere sinnvolle Vorgehensweisen zu erkennen.

Episoden wie diese sind kein Einzelfall. Und es ist vermutlich das Schicksal mancher sog. schwacher Schüler, dass ihre unkonventionell erscheinenden Rechenwege nicht immer in ihrer

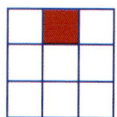

Originalität erkannt werden. Sie werden gezwungen, die Methode zu nutzen, die für die Gesamtheit der Kinder als optimal angesehen wird, und haben gerade mit dieser Festlegung ihre Schwierigkeiten.

Kinder denken anders als andere Kinder

Dass Kinder unterschiedlich sind, ist bekannt. Es gibt ruhige und quirlige Kinder, gesellige Kinder und Kinder, die gern alleine sind, Kinder, die sich gut konzentrieren können, und solche, die nie lange bei einer Tätigkeit verweilen, und so weiter.

Dass Kinder unterschiedlich denken, ist hingegen keine so weit verbreitete Einsicht. Gerade in Mathematik herrscht die Auffassung vor, dass es für jede Aufgabe einen ganz bestimmten Lösungsweg gibt. Dabei führen oft viele Wege nach Rom.

Überzeugen Sie sich selbst: Rechnen Sie doch einmal die Aufgabe 63 – ? = 37 (63 minus wie viel gleich 37?). Notieren Sie dann, wie Sie auf Ihr Ergebnis gekommen sind. Wir haben mehrere hundert Erwachsene gebeten, ihre Rechenwege festzuhalten. Es ergaben sich nicht weniger als 19 unterschiedliche Vorgehensweisen. Sieben von ihnen haben wir unten aufgeführt. Ist Ihre Vorgehensweise auch dabei?

Was man bei Erwachsenen beobachten kann, trifft für Kinder genau so zu. Daher sollte auch die Vielfalt ihres Denkens mehr Beachtung finden. Kinder denken anders als andere Kinder. Das wollen wir anhand eines Beispiels illustrieren.

Schülerinnen und Schüler eines 3. Schuljahres bearbeiteten die Aufgabe:

„Im Kino können 216 Personen sitzen. Es sind schon 148 Personen da. Wie viele Plätze sind noch frei?"

Sie sollten ihre Vorgehensweise mithilfe des sogenannten Rechenstrichs darstellen. Dabei handelt es sich um einen von den Kindern zu zeichnenden Strich, auf dem sie ihre Rechenschritte festhalten können.[8] Die Abbildung auf Seite 23 gibt einige der Lösungen wieder. Insgesamt ließen sich bei 27 Kindern nicht weniger als 22 verschiedene Herangehensweisen beobachten.

Kristina zog zunächst die Hunderter, dann die Zehner und schließlich die Einer ab (216 – 100 – 40 – 8), während *Patricia* (216 – 100 – 20 – 20 – 4 – 4) und *Manuela* (216 – 100 – 20 – 20 – 8) Zehner bzw. Einer

63 – 23 = 40	63 – 6 = 57	63 – 30 = 33	37 + 3 = 40	37 + 20 = 57	63 – 30 = 33	63 – 40 = 23
40 – 3 = 37	57 – 20 = 37	33 + 4 = 37	40 + 20 = 60	57 + 6 = 63	33 – 7 = **26**	23 + 3 = **26**
23 + 3 = **26**	20 + 6 = **26**	30 – 4 = **26**	60 + 3 = 63	20 + 6 = **26**		
			3 + 20 + 3 = **26**			

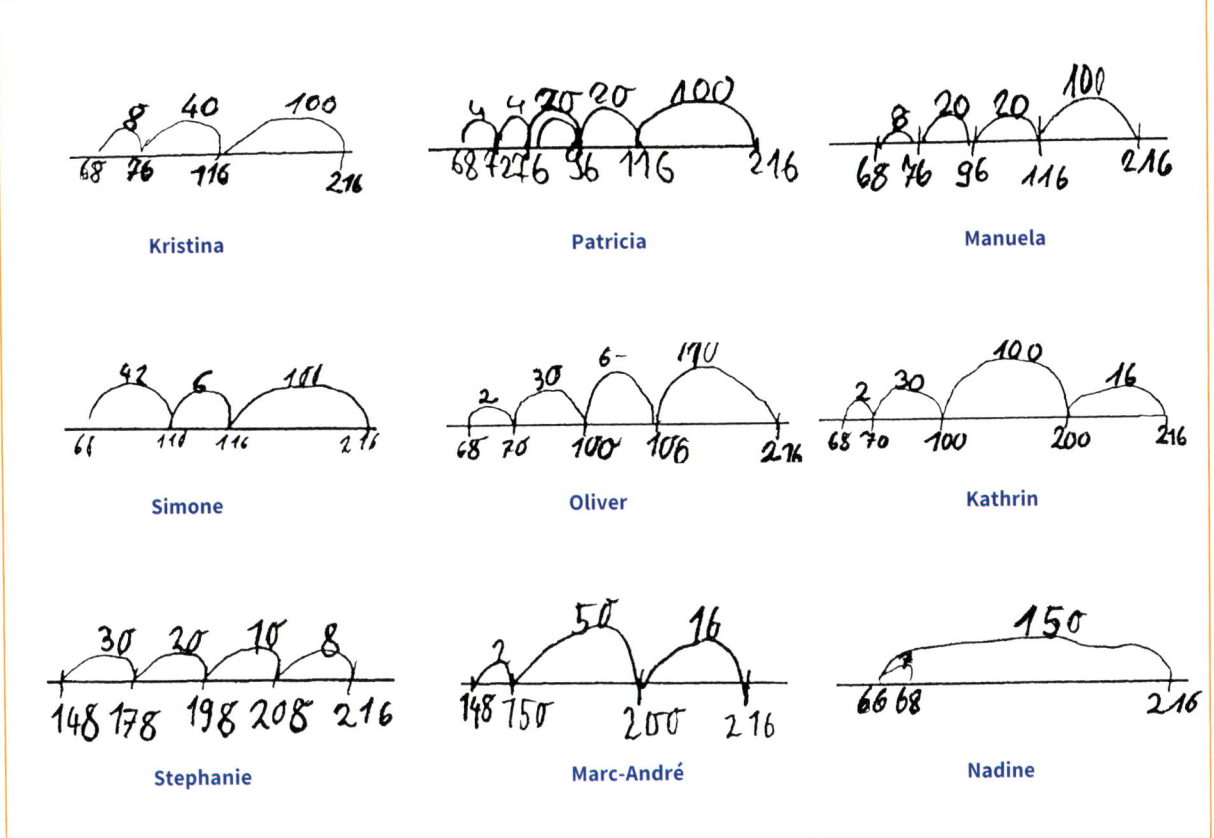

weiter aufsplitteten. Eine andere Strategie bestand darin, die 148 so aufzuspalten, dass ‚glatte' Zahlen als Zwischenergebnisse dienten (*Simone*: 216 – 100 – 6 – 42; *Oliver*: 216 – 110 – 6 – 30 – 2; *Katrin*: 216 – 16 – 100 – 30 – 2). Andere Schüler ergänzten, so etwa *Stephanie*, die zuerst die Zehner und dann die Einer auffüllte (148 + 30 + 20 + 10 + 8), oder auch *Marc-André*, der dabei ‚glatte' Zwischenergebnisse ausnutzte (148 + 2 + 50 + 16). Schließlich zog *Nadine* eine einfachere Aufgabe (216 – 150) heran, um die ursprüngliche Aufgabe zu lösen.

Die Vielfalt der Denkwege ist zweifelsohne beeindruckend. Es kommt nun unseres Erachtens nicht darauf an, jede einzelne Vorgehensweise auf Anhieb und vollständig zu durchschauen. Aber man sollte sich dessen bewusst sein, dass es für Kinder häufig nicht nur einen einzigen Lösungsweg gibt.

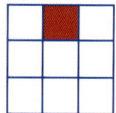

Kinder denken anders als sie selbst

Kinder denken nicht nur anders als andere Kinder. Bisweilen denken sie in verschiedenen Situationen ganz unterschiedlich. Das Kind beispielsweise, das im Alltag souverän sein Taschengeld verwaltet, während es in der Schule bei ‚einfachen' Plusaufgaben versagt, ist keine Seltenheit.

Dass unterschiedliche Lösungswege eines Kindes sogar bei der Bearbeitung einer einzigen Aufgabe beobachtet werden können, zeigt das Beispiel von Malte.

LEHRERIN: Wie viel ist 701 – 698?
MALTE: *Von 1 bis 8 gleich 7, von 0 bis 9 gleich 9, von 6 bis 7 gleich 1. 197!*

$$\begin{array}{r} 701 \\ -698 \\ \hline 197 \end{array}$$

LEHRERIN: Kannst du das auch anders rechnen?
MALTE: *Ja.*
LEHRERIN: Wie denn?
MALTE: *Von 698 bis 700 sind es 2 und von 701 bis 700 ist es 1, also sind's 3.*
LEHRERIN: Mhm. Dieselbe Aufgabe, aber zwei verschiedene Ergebnisse?
MALTE: *Mhm, weiß auch nicht.*
LEHRERIN: Kann denn beides richtig sein?

Einige Kinder sehen darin keinen Widerspruch. Einmal haben sie halt so gerechnet und einmal anders. Dass es zwei Ergebnisse geben kann, ist für sie genauso offensichtlich, wie die Tatsache, dass mehrere Lösungswege existieren. Malte hingegen hat gelernt, dass im Mathematikunterricht eigentlich jede Aufgabe genau eine Lösung hat – nicht mehr und nicht weniger. Daher sagt er, beide Antworten könnten nicht gleichzeitig richtig sein.

MALTE: *Ne.*
LEHRERIN: Was denkst du denn, was stimmt?
MALTE: *Das da!*
(ER ZEIGT AUF DAS SCHRIFTLICH GERECHNETE.)
LEHRERIN: Warum glaubst du, dass das stimmt und das andere nicht?
MALTE: *Ja, weil das hier* (ZEIGT AUF DAS SCHRIFTLICH GERECHNETE) *habe ich richtig ausgerechnet und das andere habe ich mir nur so hopp-di-hopp im Kopf überlegt.*

Die beiden Rechenwege mit den verschiedenen Ergebnissen werden von Malte also durchaus unterschieden. Ihm ist klar, dass er sich irgendwo verrechnet haben muss. Da er sich für eine von beiden Lösungen entscheiden muss, macht er etwas für den Mathematikunterricht keineswegs Unübliches: Er wählt die Rechenmethode, die im Unterricht bevorzugt behandelt wurde.

Lösen Kinder also eine Aufgabe in einer Situation richtig, so bedeutet das nicht, dass sie dieses in einem anderen Zusammenhang zwangsläufig auch tun würden. Und es gilt natürlich auch: Wenn ein Kind etwas falsch macht, kann man daraus nicht direkt die Schlussfolgerung ziehen, dass es die Aufgabe unter anderen Begleitumständen nicht korrekt bearbeiten würde. Dass Kinder sich manchmal so verhalten wie die vierjährige Amanda, ist in diesem Alter ganz normal.[9]

LEHRER: Wie viel ist zwei und eins?
AMANDA: SCHWEIGT
LEHRER: Wie viel sind denn zwei Klötze und ein Klotz?
AMANDA: *Na, drei!*
LEHRER: Und wie viel ist jetzt zwei und eins?
AMANDA: (DENKT NACH, ANTWORTET ZÖGERLICH) *Vier*?
LEHRER: Wie viel ist denn ein Klotz und noch ein Klotz?
AMANDA: *Zwei Klötze!*
LEHRER: Und wie viel ist eins und eins?
AMANDA: *Eins – vielleicht*?

Link: pikas.dzlm.de/node/811

DAS WICHTIGSTE KOMPAKT

→ Kinder denken anders, als wir Erwachsenen denken, anders, als wir es vermuten, und anders, als wir es gerne hätten.

→ Kinder denken aber auch anders als andere Kinder und in manchen Situationen anders als in anderen, obwohl sie im Prinzip dem gleichen Problem gegenüberstehen.

→ Wir tun uns manchmal schwer, das zu erkennen, auch weil wir häufig eingeschränkte Vorstellungen davon haben, was Kinder können und was nicht.

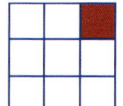

KAPITEL 3

Warum man Kindern ermöglichen sollte, eigene Lösungswege zu gehen

Vor dem vierjährigen Sebastian liegen *acht* Gummibärchen. „Da kannst du aber viele Gummibärchen essen", sagt sein Vater, „gibst du mir welche ab?". *„Das sind doch gar nicht viele"*, widerspricht Sebastian, *„nur eins – zwei – drei – vier – funf – sechs – sie – ben "*. Dabei tippt er jeweils ein Gummibärchen an.

Dass Sebastian sagt, es seien nur sieben Gummibärchen, ist für einen Vierjährigen nicht ungewöhnlich. Richtiges Zählen will gelernt sein. Und Sprechen hat er ja auch nicht an einem Tag gelernt. Das Abzählen von Gegenständen ist eine komplexe Fertigkeit, die Kinder nach und nach erwerben. Sebastian ist noch nicht so weit, dass er dieses vollkommen fehlerfrei beherrscht. Aber er macht fast alles richtig. Denn um die korrekte Anzahl der Gummibärchen zu ermitteln, muss er unter anderem …

→ die entsprechenden Zahlwörter kennen (z.B. sie-ben als *ein* Zahlwort identifizieren),
→ diese in der richtigen Reihenfolge aufsagen (also nicht: drei, vier, sechs, fünf),
→ jedem der zu zählenden Gegenstände ein Zahlwort zuordnen,
→ dabei allerdings auch keinen Gegenstand doppelt zählen,
→ wissen, dass das zuletzt genannte Zahlwort die gesuchte Anzahl angibt, und
→ ausnutzen, dass die Anordnung der Gegenstände nicht von Bedeutung für das Ergebnis ist.

Eine Reihe von Kenntnissen und Fertigkeiten muss also selbst bei einfachen Prozessen vorhanden sein. Um eine vergleichbare Schwierigkeit selbst zu erfahren, schlagen wir Ihnen vor, mit uns japanisch zählen und rechnen zu lernen (siehe Kasten S. 27).

Wir vermuten, dass die Bearbeitung dieser Aufgaben für Sie nicht ganz ohne Schwierigkeiten ablaufen wird. Dabei besteht die für Sie einzige Erschwernis darin, dass Sie die japanischen Zahlwörter lernen müssen. Über die anderen Teilkompetenzen verfügen Sie ja bereits. Kinder hingegen müssen ungleich vielfältigere Leistungen vollbringen, wenn sie Neues lernen. Das ist uns Erwachsenen häufig nicht bewusst, da wir als ‚Könner' über vieles nicht mehr nachdenken müssen.

Das Wissen um die Komplexität von Lernprozessen sollte allerdings nicht dazu führen, Lerninhalte in kleine Häppchen zu portionieren, die man den Kindern Stück für Stück verabreicht. Denn es kann als grundlegende Erkenntnis der Forschung gelten, dass Lernen nicht die automatische Übernahme von fertigem Wissen ist. Lernen findet als ein stets konstruktiver und individueller Prozess statt.

ZUM AUSPROBIEREN

Japanisch zählen

Im Japanischen zählt man wie folgt:
1: **itchi** 2: **ni** 3: **san** 4: **schi** 5: **go** 6: **loku** 7: **schitschi** 8: **hatchi** 9: **kju** 10: **dju**

Lernen Sie die Zahlwörter!
Decken Sie diese dann ab und lösen Sie die japanischen Rechenaufgaben!

Japanisch rechnen

Lösen Sie die acht Aufgaben innerhalb von 90 Sekunden! Schreiben Sie die Antwort möglichst als japanisches, nur im Notfall als deutsches Zahlwort!

a. itchi + san = _____   b. ni + loku = _____
c. go + schi = _____   d. kju – san = _____
e. hatchi – san = _____   f. dju – kju = _____
g. go + schi – loku = _____   h. schitschi – go + schi = _____

Überprüfen Sie nun Ihre Ergebnisse mit Hilfe der Zahlwörter aus dem oberen Kasten.

Was auch immer man als Erwachsener tut, man kann Lernerfolge der Kinder nicht erzwingen. Auch noch so ausgefeilte Lernumgebungen können nicht garantieren, dass echtes Lernen stattfindet. Aber man kann die Wahrscheinlichkeit dafür erhöhen, dass sich Lernen ereignet, wenn man sich an der Konstruktivität menschlichen Lernens orientiert: Lernen ist ein aktiver Prozess; Kinder sind Entdecker. Diesen Grundgedanken wollen wir in diesem Kapitel ausführen und dabei drei Aspekte thematisieren:

- Kinder sollten eigene Denkwege gehen können.
- Lernen besteht im Knüpfen eines Wissensnetzes.
- Verfrühtes Beharren auf Regeln und Normalverfahren kann das Verständnis erschweren.

Eigene Wege statt kleinste Schritte

Dass man Kindern hinreichend viel Zeit und Raum für ein ‚Lernen auf eigenen Wegen' geben sollte, wollen wir anhand eines Beispiels aufzeigen.[1] Zu Beginn des 3. Schuljahres hatten die Bundesjugendspiele stattgefunden. Um die erzielte Gesamtpunktzahl in den vier Disziplinen zu ermitteln, waren dreistellige Zahlen zu addieren. Zu diesem Zeitpunkt hatten die Schüler im Unterricht noch nicht gelernt, Zahlen größer als 100 zusammenzurechnen. Niemand hatte ihnen hierfür einen Lösungsweg an die Hand gegeben. In dieser Situation machten die meisten von ihnen etwas, was sie auch in vergleichbaren Situationen im Alltag häufig tun. Sie gingen das Problem mit den ihnen zu diesem Zeitpunkt zur Verfügung stehenden Mitteln an.

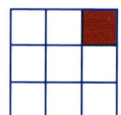

Dieses wird beispielsweise an Annikas Lösung deutlich, die in ihren Disziplinen 220, 319, 223 und 278 Punkte erreicht hatte. Da teilweise schwer zu erkennen ist, welche Zahlen sie durchgestrichen hat, haben wir sämtliche von ihr notierte Zahlen in der rechten Hälfte der Abbildung nochmals aufgeführt.

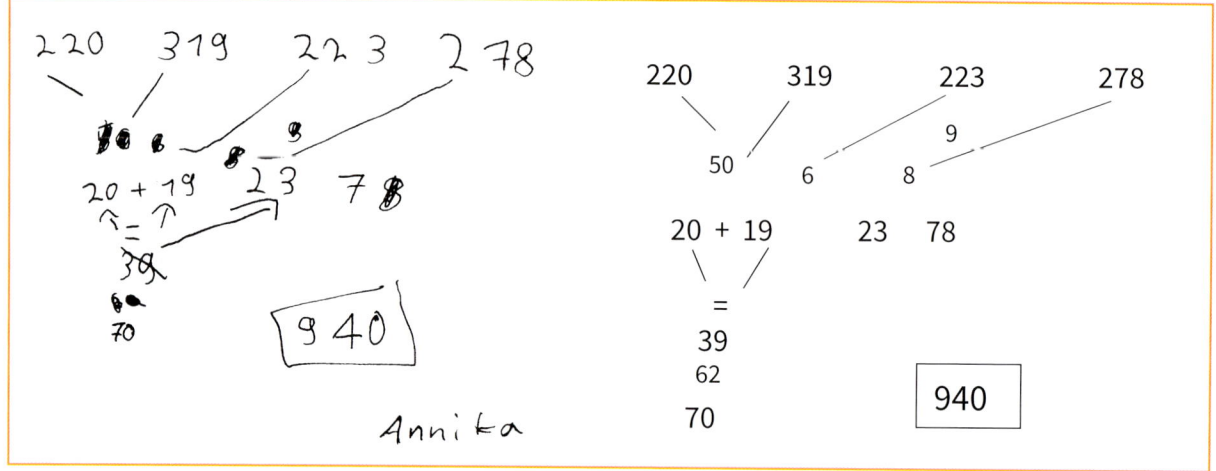

In der Tabelle haben wir aufgeschrieben, wie Annika vermutlich vorgegangen ist.

GESCHRIEBEN	GERECHNET
50	200 + 300 = 500
6 (50 durchgestrichen)	500 + 200 = 600
8 (6 durchgestrichen)	600 + 200 = 800
20 + 19 = 39 (Pfeile zur 20 und zur 19 sowie ein Gleichheitszeichen); außerdem 23 und 78	20 + 19 = 39
62 (39 durchgestrichen)	39 + 23 = 62
70 (8 von der 78 durchgestrichen; 62 ebenso)	62 + 8 = 70; 70 + 70 = 140
9 (8 durchgestrichen)	800 + 100 = 900
940 (9 durchgestrichen)	900 + 40 = 940

Annika berechnete also mit Ausnahme eines ‚Flüchtigkeitsfehlers' (500 + 200 = 600) alles richtig. Auch ist erkennbar, wie sie sich bemühte, die Notation so zu wählen, dass eine andere Person ihren Rechenweg mitgehen konnte. Sie zog Striche von den vier Hunderterziffern nach unten, um die schrittweise Addition darzustellen. Außerdem notierte sie eine vollständige Gleichung, um das Zusammenzählen der ersten beiden zweistelligen Zahlen zum Ausdruck zu bringen. Dann ging sie zunehmend zu einer kürzeren Schreibweise über, die dann auch das Nachvollziehen ihrer Gedanken etwas erschwert.

Ihr einziger Verstoß gegen Konventionen besteht eigentlich darin, dass sie 50 statt 500 schrieb – wahrscheinlich, weil ihr nach dem Schreiben der ersten Null einfiel, dass diese eigentlich entbehrlich sei. Aber wer von uns benutzt nicht auch einmal Abkürzungen bei entsprechenden Gelegenheiten? Um nicht missverstanden zu werden: Zu gegebener Zeit werden natürlich allgemein verbindliche und verständliche Notationen angestrebt, aber nicht unbedingt direkt von Anfang an.

Wenn man Kindern also herausfordernde Aufgaben stellt und ihnen Ruhe und Zeit gibt, dann sind sie häufig in der Lage, mit ihren eigenen Mitteln und auf ihren eigenen Wegen eine Lösung zu finden. Das bedeutet allerdings nicht, dass sich Lernprozesse quasi von selbst ereignen. Erwachsene haben unseres Erachtens die Verantwortung, das Lernen von Kindern anzuregen und zu begleiten. Das geht allerdings auf unterschiedliche Weise. Können Sie sich beispielsweise vorstellen, Ihre Fahrstunden wären Schritt für Schritt gemäß folgendem Ausbildungsplan abgelaufen?

1. Stunde: Ein- und Aussteigen üben, zuerst ohne, dann mit Öffnen und Schließen der Tür; relevante Instrumente (Lenkrad, Gaspedal, Bremse etc.) kennenlernen

2. Stunde: Zunächst Umdrehen des Zündschlüssels, dann Üben des Tretens des Gaspedals; schließlich Koordination dieser beiden Aktivitäten, mit dem Ziel, den Motor anzulassen; Einprägen von Namen und Funktionen der wichtigsten Instrumente

3. Stunde: Wiederholung des Ein- und Aussteigens mit Türbetätigung sowie des Anlassens des Motors; Üben des Geradeausfahrens (nicht schneller als 15 km/h) und des Bremsens

4. Stunde: Erlernen des Einsatzes des linken Außenspiegels sowie des ‚Über-die-linke-Schulter-Guckens', zunächst auf dem Parkplatz (nicht schneller als 15 km/h); Übung des Einschlagens des Lenkrades nach links sowie des Zurückschlagens in die Ausgangsstellung

5. Stunde: …

Es ist sicherlich nicht erforderlich, dieses Gedankenexperiment fortzuführen. Offensichtlich wäre es absurd, auf diese Art und Weise Auto fahren zu lernen. Auto fahren ist eine komplexe Tätigkeit, die sich aus einer Vielzahl von Teilfähigkeiten zusammensetzt. Diese erlernt man aber nicht Schritt für Schritt in radikal vereinfachten Situationen, sondern in hinreichend komplexen und herausfordernden Umgebungen.

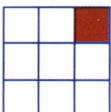

Selbstverständlich fährt man zunächst nicht bei Nacht oder auf der Autobahn, sondern über vergleichsweise ruhige Straßen. Man verlangt auch nicht schon sofort das Rückwärts-Einparken. Aber schon in der ersten Fahrstunde wird im echten Straßenverkehr gefahren. Viele Anforderungen stürmen dabei auf den Fahrschüler ein. Er muss lernen, mit dieser Komplexität fertig zu werden. Das wird dem Lernenden nicht abgenommen. Er wird aber auch nicht allein gelassen. Der Fahrlehrer stellt ihm gewisse Aufgaben oder gibt ihm Tipps. Schließlich ist er gegebenenfalls in der Lage einzugreifen.

Auch für das Lernen von Mathematik ist dieses Herangehen relevant. Anregung und Begleitung durch Erwachsene sind hier von entscheidender Bedeutung. Aber deren Aufgaben sind andere als die von Wissensvermittlern. Es geht nicht hauptsächlich darum, Lösungswege vorzuführen und anhand von Anwendungsbeispielen einzuüben. Die Hauptaufgaben bestehen stattdessen darin, aktives Lernen zu ermöglichen. Das bedeutet …

→ die Kinder dazu zu ermutigen, ihr Vorwissen zu aktivieren
(das *Individuelle* oder: Wie mache *ich* es?),
→ sie dazu anzuregen, über ihre eigenen Vorgehensweisen nachzudenken und diese mit denen anderer zu vergleichen
(das *Soziale* oder: Wie macht *ihr* es?) und
→ sie schließlich dabei zu unterstützen, zunehmend elegantere, effizientere und weniger fehleranfällige Vorgehensweisen zu entwickeln
(das *Reguläre* oder: Wie macht *man* es?).

Untersuchungen, die die Unterrichtskonzeption des aktiven Lernens mit der Methode der kleinsten Schritte verglichen haben, ergaben in etwa gleiche Leistungen in Bezug auf Kenntnisse (wie das Einmaleins) und auf Rechenfertigkeiten (wie die schriftliche Addition). Festzustellen waren jedoch beim aktiven Lernen bessere Resultate bei komplexeren und bei realitätsnahen Aufgaben.[2]

Zusammenhänge statt Einzelfakten

Beim Konzept des aktiven Lernens gilt Lernen als Knüpfen eines Wissensnetzes, nicht als bloßes Abspeichern von Einzelfakten. Dies wollen wir am Beispiel des Einmaleins aufzeigen, das ja als Prototyp für auswendig verfügbares Wissen gilt. Natürlich gehört das blitzartige Nennen richtiger Antworten zu den Werkzeugen, die benötigt werden, um komplexere Aufgaben zu lösen. Daher darf ein entsprechendes Automatisierungstraining nicht fehlen. Aber auch hier sollte es nicht einsetzen, bevor nicht die grundlegenden Beziehungen zwischen den einzelnen Aufgaben von den Kindern aktiv lernend ‚erforscht' worden sind.

Solche grundlegenden Beziehungen werden beispielsweise in Simones Aufgabenfamilien zu 4·5 und zu 4·6 deutlich (siehe S. 31). Sie schrieb diese als Ausgangsaufgabe jeweils in die Mitte ihrer sogenannten Einmaleins-Sonne. Außen herum notierte sie verwandte Aufgaben: Bei 4·5 etwa die Nachbaraufgaben 3·5 und 5·5, die Verdopplungsaufgabe 8·5, die Tauschaufgabe 5·4 sowie die beiden Umkehraufgaben 20:4 und 20:5.

Lernt ein Kind, solche Zusammenhänge zu nutzen, so ist das von Bedeutung über das kleine Einmaleins hinaus. Dann ist es kein großes Problem, Aufgaben wie 19 · 4 oder 24 · 50 auszurechnen, ohne das Normalverfahren des schriftlichen Multiplizierens zu benutzen. Denn 19 · 4 ist 1 · 4 weniger als 20 · 4. Und 24 · 50 kann man bequem berechnen, wenn man ausnutzt, dass zwei Fünfziger einen Hunderter bilden, also 24 · 50 dasselbe ist wie 12 · 100. Solches Verknüpfen mit Bekanntem ist ein Grundvorgang des Denkens und des Lernens. Hierzu ein Beispiel:

ZUM AUSPROBIEREN

Niederländisch zählen

Im Niederländischen zählt man wie folgt:
1: **een**   2: **twee**   3: **drie**   4: **vier**   5: **vijf**   6: **zes**   7: **zeven**   8: **acht**   9: **negen**   10: **tien**

Lernen Sie die Zahlwörter!
Decken Sie diesen Kasten dann ab und lösen Sie die niederländischen Rechenaufgaben!

Niederländisch rechnen

Lösen Sie die acht Aufgaben innerhalb von 90 Sekunden!
Schreiben Sie die Antwort möglichst als niederländisches, nur im Notfall als deutsches Zahlwort!

a.   **een + drie** = _____   b.   **twee + zes** = _____
c.   **vijf + vier** = _____   d.   **negen – drie** = _____
e.   **acht – drie** = _____   f.   **tien – negen** = _____
g.   **vijf + vier – zes** = _____   h.   **zeven – vijf + vier** = _____

Überprüfen Sie nun die Richtigkeit Ihrer Ergebnisse mit Hilfe der im oberen Kasten stehenden Zahlwörter.
Vergleichen Sie die Anzahl Ihrer korrekten Ergebnisse mit denen beim japanischen Rechnen.

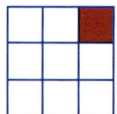

Die meisten Erwachsenen, denen wir diese Aufgaben gegeben haben, äußerten, das niederländische Rechnen sei ihnen leichter gefallen. Doch eigentlich waren es dieselben Aufgaben. Warum dann diese Unterschiede?

Für uns ist das ein gutes Beispiel dafür, dass Lernen das Ausnutzen von Zusammenhängen ist. Denn wir merken uns die Bedeutung von een und twee vermutlich deshalb besser als die von itchi und ni, da wir über den ähnlichen Wortklang Beziehungen zu den deutschen Zahlwörtern herstellen können.

Wieder zurück zu den Kindern: Bisweilen wird eingewendet, die Konfrontation mit Komplexität und das Ausnutzen von Beziehungen überfordere sie. Sie seien nicht kreativ und selbstständig genug, eigene Wege zu finden. Das Lernen in Zusammenhängen stellt jedoch in den meisten Fällen keine Erschwerung oder Zeitverschwendung dar. Denn die Wahrscheinlichkeit, dass sich Lernen ereignet, ist größer, wenn Kinder den Zusammenhang durchschauen, in dem eine Aufgabe steht, als wenn sie sich isolierte Lerneinheiten aneignen müssten.

Es mehren sich zudem die Belege, dass von einem Vorgehen, das auf Sinnstiftung in Beziehungsnetzen Wert legt, auch – oder gerade – die sogenannten Lernschwachen profitieren können.[3] Es ist ja auch einleuchtend, dass das schrittweise Aufnehmen und Abspeichern unzusammenhängender Einzelfakten besonders den sogenannten schwächeren Schülern Schwierigkeiten bereiten kann. Sie sind häufig nicht oder nur ansatzweise in der Lage, die zuvor aus der Erwachsenenperspektive zerlegte ‚Lernganzheit' wieder zusammenzusetzen. Schädlich ist dabei insbesondere die verfrühte Verpflichtung auf Regeln und Verfahren, wie der folgende Abschnitt aufzeigen soll.

Verstehen statt Manipulieren

Will man Kindern das Rechnen möglichst schnell ‚beibringen' und sie dabei vor Umwegen, Irrwegen und Fehlern bewahren, so erreicht man oft das Gegenteil von dem, was man anstrebt. Die Gefahr besteht, dass die Kinder die erlernten Regeln zwar anwenden können, aber über oberflächliches Verständnis nicht hinauskommen. Schon leichte Änderungen in der Aufgabenstellung können dazu führen, dass die Schülerinnen und Schüler scheitern. Das verfrühte Vorschreiben von *Rechenregeln* und eine vorschnelle Festlegung auf sogenannte *Normalverfahren* können das eigene Denken und damit das Verstehen der Kinder ernsthaft beeinträchtigen. Diese beiden Problembereiche wollen wir im Folgenden darstellen.

Verfrühtes Vorschreiben von Rechenregeln

Bisweilen hat man den Eindruck, das Mathematiklernen bestehe zu einem guten Teil im Auswendiglernen und im Anwenden von Regeln. Regeln sollten jedoch auf eine überschaubare Anzahl beschränkt und von Verständnis getragen werden. Sonst können sie mehr Schaden anrichten als Nutzen stiften. Am Beispiel der Regeln zum ‚Rechnen mit Nullen', die den Kindern immer wieder von ihren Eltern und Lehrern in bester Absicht mitgeteilt werden, wollen wir das näher erläutern.

Zunächst drei kleine Beispiele: 30 mal 40? Kein Problem: 3 · 4 ist 12, zwei Nullen wieder dran, dann haben wir 1200. 80 durch 4? 8 durch 4 ist 2, Null wieder dran, also sind es 20. 1000 geteilt durch 20? Einfach eine Null weg bei jeder Zahl, dann haben wir 100 durch 2 und das sind 50!

Halt! Stimmt das? Muss nicht noch eine weitere Null an die 50 angehängt werden? Es wurde ja bei jeder Zahl eine Null ‚abgehängt'! So etwas fragen sich Kinder, die die Nullen-Tricks noch nicht voll durchschaut haben und geben dann 500 als Ergebnis von 1000 : 20 an. Ihnen fällt es nicht immer auf, dass mit der Größenordnung der Zahlen etwas nicht stimmen kann. Beim Jonglieren mit den Nullen bleibt der ‚Zahlensinn' häufig auf der Strecke. Dass dann 50 : 2 oder 60 : 4 nicht lösbar sind, kommt konsequenterweise ebenfalls vor, denn 5 : 2 und 6 : 4 „gehen ja auch nicht"!

Das heißt, was für Erwachsene häufig einfach ist, ist es für Kinder nicht notwendigerweise. Das liegt daran, dass je nach Rechenart ganz verschiedene Regeln zur Anwendung kommen. Wer nicht verstanden hat, wie diese zustande kommen, wird große Schwierigkeiten haben, sie jederzeit für den richtigen Anwendungsfall auswendig zu wissen. Im folgenden haben wir diese Regeln für Sie einmal zusammengestellt:

Addition und Subtraktion: Von beiden Zahlen dürfen nur gleich viele Nullen abgehängt werden. So viele Nullen, wie man von *einer* Zahl abgehängt hat, müssen dann ans Ergebnis angehängt werden (3000 + 1500 = ? ; 30 + 15 = 45; Ergebnis: 4500). Hat nur eine Zahl eine Null, darf nichts abgehängt und wieder angehängt werden (also nicht: 1350 + 75 = ? ; 135 + 75 = 210; Ergebnis: 2100).

Multiplikation: Von beiden Zahlen dürfen sämtliche Nullen abgehängt werden, alle diese Nullen werden dann an das Ergebnis wieder angehängt (3000 · 500; 3 · 5= 15; Ergebnis: 1500 000).

Division: Hänge von beiden Zahlen so viele Nullen ab, dass eine Divisionsaufgabe mit möglichst kleinen Zahlen entsteht, die ohne Rest aufgeht. Nun entscheide, welcher der folgenden Fälle vorliegt.

a. Wenn du nur vom Dividenden (der zu teilenden Zahl) Nullen abgehängt hast, hänge diese Nullen an das Ergebnis der neuen Aufgabe an (9000 : 6; 90 : 6=15; Ergebnis: 1500).

b. Wenn du von beiden Zahlen gleich viele Nullen abgehängt hast, ist das Ergebnis der neuen Aufgabe das gleiche wie das Ergebnis der ursprünglichen (600 : 200; 6 : 2 = 3; Ergebnis: 3).

c. Wenn du vom Dividenden mehr Nullen als vom Divisor (der Zahl, durch die geteilt wird) abgehängt hast, werden an das Ergebnis so viele Nullen angehängt, wie vom Dividend mehr Nullen abgehängt wurden als vom Divisor (1000 : 20; 10 : 2 = 5; Ergebnis: 50).

Kinder brauchen zunächst hinreichend viele Rechenerfahrungen, um mit den hierbei zugrunde liegenden Beziehungen vertraut zu werden. Erst dann ist es eine *sinnvolle* Entlastung beim Rechnen, diese Regeln zu kennen und zu nutzen. ‚Verrät' man sie den Kindern hingegen zu früh,

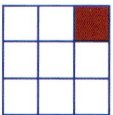

können Regeln schematisch auf Fälle übertragen werden, bei denen sie nicht gelten. So wird dann beispielsweise 800 : 40 durch 80 : 4 = 20 gelöst. Da man vorher jeweils eine Null abgehängt hat, wird diese wieder angehängt, so dass als Ergebnis 200 angegeben wird. Die für die Addition und die Subtraktion geltende Regel wird also fälschlicherweise auf die Division übertragen.

So wird dann auch die Entwicklung des Gefühls für Zahlen und deren Größenordnungen gefährdet (800 : 40 kann nicht 200 ergeben!), da sich die Kinder angewöhnen, mit Symbolen zu manipulieren, statt mit Zahlen größenordnungsmäßig zu rechnen.

Vorschnelle Festlegung auf Normalverfahren

Neben Rechenregeln in Form unverstandener Rezepte sind die Normalverfahren des Rechnens der zweite große Feind der Ausbildung von Verständnis – wenn sie den Kindern zu früh nahe gebracht oder gar von ihnen verlangt werden. Um die folgende Aufgabe gemäß dem schriftlichen Standardverfahren – also untereinander geschrieben – auszurechnen, wird nur das Rechnen von Aufgaben mit einstelligen Zahlen und die Fähigkeit, einfache Verfahrensregeln zu befolgen, benötigt. So muss man z.B. wissen, wie man mit den Überträgen umgeht, wenn die Aufgabe 7 + 8 zu berechnen ist.

```
  21283746564432019
+ 56773123125364650
```

Es gibt immer wieder Erwachsene, die Kindern schon im 2. Schuljahr dadurch ‚helfen' wollen, dass sie ihnen zeigen, dass man so ganz schnell und einfach rechnen kann. Warum jedoch erschweren diese Erwachsenen oft entgegen bester Absichten das Lernen der Kinder, sogar dann, wenn diese die Berechnungen fehlerfrei ausführen können?

Erstens besteht die Gefahr, dass Kinder Verfahren nur ausführen, ohne sie zu verstehen. Das hat dann beispielsweise die Konsequenz, dass sie ganz bestimmte Fehler immer wieder machen. Beim Subtrahieren beispielsweise ziehen sie immer die kleinere von der größeren Zahl ab, egal ob diese oben oder unten steht. Erinnern Sie sich an Malte (vgl. Kap. 2), der auf diese Weise 197 als Resultat der Aufgabe 701 – 698 ermittelte.

Außerdem besteht ein wichtiger Bestandteil von Rechenkompetenz in der Ausbildung von Zahlgefühl und von Fähigkeiten im geschickten Rechnen. Ein vorschnelles Vermitteln der schriftlichen Verfahren und eine gut gemeinte Verpflichtung auf ihren Gebrauch kann entscheidend dazu beitragen, dass diese wichtigen Fähigkeiten aus den Köpfen der Kinder verschwinden.

Jedoch nicht nur beim schriftlichen Rechnen, sondern auch beim Kopfrechnen wird von den Kindern häufig verlangt, Normalverfahren zu verwenden. Rechnen Sie bitte zunächst selbst 56 + 7 aus, und merken Sie sich, wie Sie vorgegangen sind.

Die meisten von Ihnen werden wohl so gerechnet haben: Erst plus 4 bis zur 60. Dann bleiben von der 7 noch 3, die noch zu der 60 hinzugezählt werden müssen. Also ist das Ergebnis 63. Wenn Kinder die Bauart der zweistelligen Zahlen durchschaut haben und das kleine Einspluseins sicher beherrschen, dann haben sie mit dieser Methode ein gutes Werkzeug in der Hand, um solche Aufgaben im Kopf zu lösen.

Irgendwann ist jedoch der Fehler begangen worden zu glauben, was an dieser Stelle des Lernprozesses sinnvoll ist, das müsse auch anderen Orts hilfreich sein. Anders ist nicht zu erklären, warum oft folgende Methode beim Addieren über den ersten Zehner *vorgeschrieben* wird (vgl. das Beispiel von Timo in Kapitel 2). 6 + 7 muss wie folgt gerechnet werden: Von der 6 bis zur 10 sind es 4. 7 – 4 ist 3, und 10 + 3 sind 13. Also ist das Ergebnis 13. Das klingt einfach und plausibel – insbesondere für Erwachsene. Schauen wir uns jedoch einmal an, was man alles beherrschen muss, soll diese Methode eine Hilfe sein …

→ ‚im Schlaf' bis zur 10 ergänzen (6 plus wieviel ist 10?),
→ das Zwischenergebnis für Weiterverarbeitung im Gedächtnis speichern (4),
→ dieses von der hinzuzuzählenden Zahl subtrahieren (7 – 4),
→ sich das Ergebnis dieser Subtraktion merken (3) und
→ zur 10 addieren, d.h. unter anderem mit der Bauart unserer zweistelligen Zahlen gut vertraut sein.

Einige Kinder sind in der zweiten Hälfte des ersten Schuljahres noch nicht so weit, dass sie alles dieses leisten können. Dann helfen in der Regel weder genaue Erklärungen etwa mit Zehner-Eierkartons (erst den Zehner voll machen) noch ausführliches Aufschreiben. Das Lernen wird hier dadurch erschwert, dass ein Verfahren, das für Erwachsene einfach ist, von den Kindern verlangt wird. Wichtig wäre es stattdessen, die Kinder die Aufgabe selbst lösen zu lassen. Einige werden dieses so wie beschrieben angehen, andere werden weitere Lösungswege nutzen, wie etwa „eins mehr als 6 + 6"; „eins weniger als 7 + 7" oder „5 + 5 + 1 + 2" usw.

Link: pikas.dzlm.de/129

DAS WICHTIGSTE KOMPAKT

→ Kinder sind häufig in der Lage, Aufgaben auf eigenen Wegen und mit eigenen Mitteln zu lösen. Das ist besser, als ihnen Schritt für Schritt eine vorgegebene Denkweise nahezubringen.

→ Den Kindern sollte ermöglicht werden, ihr Wissensnetz zu knüpfen. Das ist erfolgversprechender als das Aufhäufen von nicht zusammenhängenden Einzelfakten.

→ Das Beherrschen von Regeln und von Normalverfahren sollte erst am Ende eines Lernprozesses stehen. Beharrt man zu früh darauf, kann es das Verständnis erschweren.

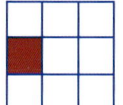
KAPITEL 4

Warum ‚ENIE' ein Grund zur Belustigung wie auch zur Verärgerung sein kann

Dort, wo alles so klar und eindeutig zu sein scheint – wie in der Mathematik –, tut man sich schwer, mit Fehlern angemessen umzugehen. Lesen Sie, was dem Mathematiker de Morgan hierzu, im Übrigen bereits im Jahr 1833, aufgefallen ist.[1]

> Die Erwachsenen müssten dieselbe Nachsicht und dieselbe Bewunderung, mit der sie die Sprachentwicklung von Kindern gewöhnlich begleiten, auch für die Entwicklung des mathematischen Denkens aufbringen. ... Die ersten unbeholfenen Versuche des Kleinkindes, ‚Papa' und ‚Mama' auszusprechen, werden jubelnd begrüßt, als wenn sich darin eine vielversprechende Rednerbegabung ausdrückte. Die ersten Versuche des kleinen Zahlenrechners dagegen, der überlegt, ob ‚6 plus 5' das Ergebnis 13, 8, 7 oder 10 haben könnte und nicht zielgerichtet auf die 11 zusteuert, wecken bei Erwachsenen oft ganz und gar nicht die Vision auf einen späteren Nobelpreisträger und werden keineswegs mit Sympathie verfolgt. Im Gegenteil, das Kind erntet mehr oder weniger leisen Tadel, weil es angeblich unaufmerksam ist oder sich dumm anstellt.

In diesem Kapitel werden wir uns mit der durch dieses Zitat zum Ausdruck kommenden Sichtweise befassen, die Fehler als Bestandteile eines Lernprozesses ansieht. Dabei werden wir herausarbeiten, dass Fehler …

→ normal sind,
→ häufig sinnvoll sind aus der Sicht derjenigen, die sie begehen, und
→ manchmal gar nicht fehlerhaft sind.

Fehler sind normal

Im Alltag gilt es als normal, Fehler zu begehen, insbesondere wenn man den altbekannten, den wohl vertrauten Weg verlässt. Denn Kreativität und Fehler sind kaum voneinander zu trennen.[2]

> In der deutschen Industrie haben die Durchbruchsinnovationen erschreckend abgenommen ... Die meisten Führungsteams sind von erschreckender Einseitigkeit ... Das schlimmste Übel aber ist der Mangel an guten Ideen. Kreative Leute ... machen ständig neue Fehler. Dumme wiederholen dauernd die gleichen. Und die Mehrheit der Braven versucht, Fehler zu vermeiden, aus lauter Angst, daß nicht nur der Fehler falsch ist, sondern daß sie selber minderwertig seien ... Das Glaubensbekenntnis aller Schulweisheit heißt: Es gibt nur eine Lösung.

Wenn im Unterricht das Prinzip der kleinen Schritte vorherrscht (vgl. Kap. 3), will die Lehrerin durch die Verpflichtung auf einen definierten und scheinbar so sicheren Weg den Kindern Fehler ersparen. Gibt ein Kind eine fehlerhafte Lösung an, glaubt man, diese direkt korrigieren oder deren Auftreten in Zukunft verhindern zu müssen. Gerade das ist jedoch häufig ein Fehler, wie die nebenstehende Geschichte von Lennart zeigt.

In dem lesenswerten Buch ‚Mit Fehlern muß gerechnet werden', das diesem Kapitel zu seiner Überschrift verhalf, finden sich folgende Aussagen über den Umgang mit Fehlern, die auch unseren Standpunkt gut umreißen.[3]

> Fehler sind ein Mittel, um den richtigen Weg durch ein System, eine Struktur, ein Netz zu finden. Wir können nicht lernen, wenn wir keine Fehler machen dürfen. Die Angst vor Fehlern hindert uns daran, Neuland zu betreten. Wir flüchten uns in Automatismen ohne jegliche Einsicht und ohne Erkenntnisgewinn.
> Fehler zu machen in der Lernlandschaft sollte ein positiver Vorgang sein, Ausgangspunkt zum Weiterlernen, zur Motivation, zum Suchen und Entdecken von Zusammenhängen. Mit dieser Einstellung übertragen wir einen Teil der Verantwortung für das Lernen dem Lernenden selbst, das heißt, Bevormundung wird in Mündigkeit umgetauscht. Das Lehren und Lernen in gegenseitigem Austausch sollte auch in den Mathematikunterricht einfließen.

BEISPIEL

Wer begeht den Fehler?

Anlässlich einer Familienfeier spielt der Erstklässler Lennart mit seiner Tante ein Spiel. Er denkt sich ein Wort aus, das diese erraten muss. Dabei malt er als Platzhalter für dessen Buchstaben kleine Striche nebeneinander. Die Tante muss nun die Buchstaben erraten. Wenn sie einen Buchstaben nennt, der nicht in dem Wort enthalten ist, darf Lennart sich einen Punkt gutschreiben. Hat er 10 Punkte erreicht, hat er gewonnen. Errät die Tante das Wort vorher, ist sie die Gewinnerin. Nach einiger Zeit hat die Tante drei von vier Buchstaben erraten. Auf Lennarts Blatt steht E N _ E. Die Tante denkt zunächst, das D sei der fehlende Buchstabe, dann entscheidet sie sich für das T, schließlich für das G. Jeder Buchstabe bringt Lennart einen weiteren Punkt. Mittlerweile rät die anwesende Verwandtschaft fieberhaft mit. Lennart ist kein besonders guter Schüler. Man spürt, dass er vor Stolz förmlich platzt, weil die versammelten Erwachsenen es nicht schaffen, sein Wort zu erraten. Schließlich gibt sich die Tante geschlagen und bittet ihn, seine Lösung zu verraten.
Er schreibt ein I an die freie Stelle: E N I E. Ratlosigkeit ringsherum. Lennart ruft belustigt in die Runde: „Ernie, dass ihr das nicht ‚rausgekriegt' habt! Ernie aus der Sesamstraße!" Vor Freude klatscht er in die Hände.
„So schreibt sich das aber nicht", schaltet sich der Vater ein, den es offensichtlich ärgert, dass sein Sohn aufgrund einer ‚Regelverletzung' das Spiel gewonnen hat. „Ernie schreibt man mit fünf Buchstaben – E, R, N, I, E! Du musst auch Wörter nehmen, die du auch schon schreiben kannst, wie MAMA oder LILA."
Lennarts Freude und Stolz sind wie weggeblasen. Er hat keine Lust mehr weiterzuspielen und setzt sich auf einen Stuhl in der anderen Ecke des Raumes. Dabei hatte er schon so viel richtig gemacht!

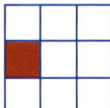

In einem solchen positiv geprägten Fehlerverständnis gelten viele Fehler nicht als auszumerzende oder von Anfang an zu verhindernde Lernhemmnisse, sondern als notwendige Bestandteile eines aktiven Lernprozesses. Allerdings greift das Sprichwort „Aus Fehlern wird man klug" zu kurz. Es kommt schon darauf an, über Fehler und über alternative Handlungsmöglichkeiten nachzudenken.

Fehler sind fast immer sinnvoll

Fehler sind selten zufälliger Natur, sondern aus der Sicht derjenigen, die sie begehen, meistens sinnvoll. Das zeigt auch die folgende Episode.

BEISPIEL

Phantom der Oper

„Das ist aber ein komischer Name", sagt der fünfjährige Eike zu seinem Vater. „Was ist ein komischer Name?", fragt dieser zurück. „Phantom. Hast du das gerade nicht im Radio gehört?" – „Wie? Phantom?" – „Ja, Phantom, der Opa. Hießen die Leute eigentlich früher oft so?"

Natürlich schmunzelt man darüber, wie Eike den Namen des Musicals versteht. Bewusst haben wir nicht ‚missversteht' geschrieben. Dadurch wollen wir zum Ausdruck bringen, dass er durchaus vernünftig denkt, nur eben nicht so, wie wir Erwachsenen es tun. Es lohnt sich immer, zunächst die Systematik des Denkens der Kinder verstehen zu wollen, anstatt ihr Denken sofort zu bewerten und nach richtig oder falsch zu klassifizieren.

Drei Beispiele sollen diese These illustrieren.

1. Die Schulanfängerin Leonie sagte beispielsweise: *„Weil 7 + 5 = 14 ist, ist 8 + 3 = 13"*. Sie erhöhte also den ersten Summanden um 1 und verminderte den zweiten um 2. Das machte sich in einer Verminderung des Ergebnisses um 1 bemerkbar. Leider ging sie von einem falschen Resultat von 7 + 5 aus.

2. Bei einer ebenfalls nicht so offensichtlichen Erscheinungsform ‚vernünftiger' Fehler werden Prozeduren oder Beziehungen auf Bereiche übertragen, in denen sie nicht anwendbar sind. Saskia beispielsweise sagte: *„Ich teile eine Zahl durch 24, indem ich sie erst durch 20 und durch 4 teile und die Ergebnisse dann zusammenzähle."* Sie dehnte dabei die Strategie, eine Malaufgabe durch die Berechnung von Teilaufgaben mit anschließender Addition zu lösen (z. B. 24 · 5 = 20 · 5 + 4 · 5), so auf die Division aus, dass sie aus verständlichen Gründen nicht greift.

3. Bei schriftlichen Rechenverfahren sind Fehler in rund 80% der Fälle nicht zufällig oder auf Flüchtigkeit zurückzuführen. Sie unterliegen dann sogenannten Fehlermustern, die bei verschiedenen Aufgaben immer wieder auftauchen (vgl. die Beispiele S. 39).[4]

Fehler können in doppelter Hinsicht sinnvoll sein: aus der Sicht derjenigen, die sie begehen, und weil man daraus lernen kann. Denn Lernfortschritte stellen sich besonders dann ein, wenn das vorhandene Wissen nicht ausreicht, um eine Aufgabe für sich oder für andere zufrieden stellend zu bewältigen.

ZUM AUSPROBIEREN

Jeweils zwei nebeneinander stehende Aufgaben sind nach dem gleichen Lösungsprinzip berechnet worden.
Finden Sie es heraus? Können Sie es bei der jeweils dritten Aufgabe anwenden?
Lösungshinweise finden Sie in den Anmerkungen.

a.
```
  618        563        612
+ 782      + 545      + 395
 1112        118
```

b.
```
  854        336        609
+ 432      + 845      + 892
  286        181
```

c.
```
  854        308        598
+ 432      + 291      + 209
  422         17
```

d.
```
  308        184       7045
+ 291      + 750     + 2938
  509        930
```

Fehler sind manchmal gar nicht fehlerhaft

Wenn Erwachsene 8 von 20 abziehen, sagen sie gewöhnlich „*zwanzig minus acht*" und schreiben 20 – 8. Aber wie Sie bemerkt haben, beginnt der Satz mit „*Wenn Erwachsene 8 von 20 …*", eine Reihenfolge, die sich auch bei „*Ich ziehe 8 von 20 ab*" wiederfindet (erst die 8, dann die 20). Wir gehen davon aus, dass das der Grund dafür ist, warum Kinder häufig „*acht minus zwanzig*" sagen, wenn sie „*zwanzig minus acht*" meinen.

Etwas Ähnliches kann man auch beim Teilen beobachten: Häufig hört man Kinder so etwas sagen wie „*fünfzig geteilt durch zweihundert*", wenn sie „*zweihundert durch fünfzig*" meinen. Natürlich müssen sie auch lernen, die richtige Reihenfolge einzuhalten, doch wenn sie einen Rechenweg erklären, sollte man sie zunächst einmal ausreden lassen. Man kann in der Regel sicher sein, dass sie das Richtige meinen.

Das folgende Beispiel ist ein wenig kniffliger. Lesen Sie die Erklärungen von Patrick, wie er bei der folgenden Aufgabe die Antwort „*26 Kinder*" erhalten hat:

> Von 63 Kindern schickt jedes Kind einen Luftballon weg.
> 37 Kinder bekommen Antwort.
> Wie viele Kinder bekommen keine Antwort?
>
> *„Das habe ich ganz einfach gemacht:*
> *Ich habe erst 63 minus 20 gerechnet, das waren 43.*
> *Und dann habe ich erst plus 5 gerechnet, das waren 38, noch plus 1 waren 37."*

Wie bitte? 43 + 5 = 38 und 38 + 1 = 37? Halten Sie ein wenig inne und überlegen Sie, wie Sie reagieren

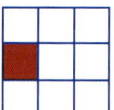

würden. Hoffentlich nicht mit „Da hast du wohl ‚plus' und ‚minus' verwechselt." oder „Pass mal auf, wir schreiben es uns mal richtig auf!" Damit würden Sie dem Kind nicht gerecht werden.

Denn Patrick versucht herauszufinden, wie viel man von 63 subtrahieren muss, um 37 zu erhalten. Hierzu zieht er nacheinander Zahlen ab, erst 20, dann 5, schließlich 1 und zählt diese Zahlen zusammen. In seinem zweiten Schritt zieht er also nicht nur 5 von 43 ab und erhält 38, sondern zählt auch die 5 zu der 20 aus dem ersten Schritt hinzu. Bei der sprachlichen Beschreibung seines Vorgehens kombiniert er die beiden Vorgänge miteinander und so entsteht: *„43. Und dann habe ich erst plus 5 gerechnet, das waren 38, noch plus 1 waren 37"*.

Wir sind es, die unterstellen, er habe 43 + 5 = 38 und 38 + 1 = 37 gerechnet. In Wirklichkeit hat er es weder getan noch gesagt. Er gibt an, er habe *„plus 5 gerechnet"* sowie *„noch plus 1"* – zu welcher Zahl er addiert, darüber äußert er sich nicht. Aber weil er die Stützpunkte 43 bzw. 38 nennt, hören wir heraus, er habe zu diesen Zahlen etwas hinzugezählt. Die Szene ist geradezu ein Musterbeispiel dafür, dass Fehler manchmal keine sind.

Erst verstehen, dann verstanden werden

Wenn Kinder kein entspanntes Verhältnis zu ihren eigenen Fehlern entwickeln können, werden sie weniger lernen, als sie eigentlich könnten. Sich selbst für dumm zu halten ist nun mal keine gute Voraussetzung fürs Lernen. Angst zu haben, „ausgemeckert" zu werden, auch nicht:[5]

> **BEISPIEL**
>
> **Ausgemeckert**
>
> Vor einigen Tagen saßen wir alle gemeinsam am Tisch und stellten fest, dass Lisas Mutter 4 Jahre jünger ist als ich. Lisas Mutter ist 30 Jahre alt. Spontan fragte ich Lisa, ob sie denn ausrechnen könne, wie alt ich denn dann sei. Sie antwortete mir: „Das weiß ich, aber ich sage es nicht." Nach einer kurzen Pause: „Hinterher ist es falsch und ich werde wieder ausgemeckert."

Reagieren Sie daher behutsam auf Äußerungen, die Sie für Fehler halten. Fragen Sie nach, was sich das Kind dabei gedacht hat. Sie werden in den meisten Fällen feststellen, dass immer auch richtiges Denken beteiligt ist. Lassen Sie auch einmal etwas Falsches so stehen, wenn Sie das Gefühl haben, dass das Kind noch nicht so weit ist, eine ‚Richtigstellung' Ihrerseits zu ‚verkraften'. Stellen Sie sich vor, Sie würden ständig kontrolliert und korrigiert.

Außerdem: Kinder nehmen keinen bleibenden Schaden, wenn ein vermeintlicher Fehler einmal unverbessert bleibt. Sie haben schließlich auch sprechen gelernt, obwohl Sie vielleicht in bestimmten Phasen Ihres Lernprozesses fälschlicherweise *„die Männers"* statt *„die Männer"* oder *„ich liefte"* statt *„ich lief"* gesagt haben.

Wir haben beobachtet, dass man das Denken der Kinder empfindlich stören kann, wenn man sie sofort zu korrigieren versucht. Natürlich sollte man sie auch zu gegebener Zeit zu einer in unserem Sinne korrekten Sprech- und Schreibweise hinführen. Das Erklären durch Erwachsene ist keineswegs überflüssig, sondern kann zum richtigen Zeitpunkt durchaus hilfreich sein. Es hat insbesondere dann seine Berechtigung, wenn Kinder echte Fragen stellen.

Aber das Erklären ist nicht die einzige, und schon gar nicht die zentrale Aufgabe von Erwachsenen. Mindestens ebenso wichtig ist das Verstehen. Unser Kollege Hans Wielpütz hat es einmal auf die einprägsame Formel gebracht: „Erst verstehen, dann verstanden werden!" Die Kinder erfahren so, dass das, was sie sich ausgedacht haben, ernst genommen wird. Sie können die Erfahrung sammeln, dass sie selbst Dinge herausfinden können, manchmal mit, manchmal ohne Hilfe von Erwachsenen.

Und nicht nur die Kinder profitieren von einer solchen Haltung der Offenheit, auch die Erwachsenen. Denn man kann von den Kindern viel über ihre Sicht der Dinge lernen. Und wenn man will, lernt man auch sehr viel über sich selbst im Umgang mit (den eigenen) Kindern.

Insofern sollte es nicht zu einem systematischen Fehler von Erwachsenen werden, zu versäumen, auch fehlerhaft erscheinende Denkweisen von Kindern verstehen zu wollen. Warum – das wird sehr schön aus der folgenden Geschichte von John Holt deutlich, mit der wir dieses Kapitel beschließen wollen[6].

Neulich erkannte ich beim Hospitieren im Unterricht einer Lehrerin blitzartig, was an unserem gesamten Lehrbetrieb falsch ist. Während der letzten Ferien besuchte ich eine Schule, in der noch unterrichtet wurde. Sie steht im Ruf, sehr ‚gut' und ‚streng' zu sein. Die recht nette Direktorin fragte mich, wo ich unterrichtet hätte. Als ich es ihr mitteilte, bemerkte sie mit gespielter Bescheidenheit: „Ich fürchte, Sie werden uns sehr altmodisch finden." Aber sie war sehr entgegenkommend und drängte mich besonders, den Rechenunterricht einer Lehrerin der 4. Klasse zu besuchen. Sie unterrichte schon viele Jahre, gelte als ein Juwel von Lehrerin und sei der Stolz der Schule. Ich ging hin. Die Stunde begann gleich, nachdem ich gekommen war. Die Kinder hatten einige Multiplikationsaufgaben ausgerechnet und lasen aus ihren Heften die Ergebnisse vor. Alles ging glatt, bis ein Kind, sofort nachdem ein anderes seine Lösung gesagt hatte, sich meldete. „Was ist, Jimmy?" fragte die Lehrerin mit jenem leisen Unterton in der Stimme, der besagte, dass diese Unterbrechung eigentlich nicht nötig sei. „Ich hab' eine andere Lösung", sagte Jimmy, „ich hab' …" –, aber ehe er noch ausreden konnte, sagte die Lehrerin: „Nun, Jimmy, niemand möchte falsche Lösungen hören." Jimmy sagte dann kein Wort mehr.
Diese Frau ist den meisten Lehrern an Intelligenz, Bildung und Erfahrung weit voraus. Sie ist ausgeglichen, kultiviert, hat eine gute Ausbildung genossen und ist mit einem Universitätsprofessor verheiratet. Aber in den zwanzig oder mehr Jahren, in denen sie unterrichtet, ist ihr

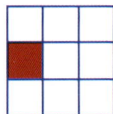

offenbar nie der Gedanke gekommen, es könne sich lohnen, sich dann und wann einen Augenblick Zeit zu nehmen und die erfolglosen Jimmys mit ihren falschen Antworten anzuhören, die Chance zu nutzen, etwas über deren Denkweise zu erfahren und wie ihre falschen Antworten zustande kommen. Wie ist es möglich, daß jeder sie als eine gute Lehrerin bezeichnet? Ich vermute, es liegt daran, daß sie mühelos mit Kindern fertig wird. Wahrscheinlich meinen sogar die Jimmys, sie sei eine gute Lehrerin. Es wird ihnen nie einfallen, es für den Fehler dieser netten Dame zu halten, daß sie das Rechnen nicht verstehen; nein, es muß ihr eigener Fehler sein, weil sie eben so dumm sind.

Die in den ersten vier Kapiteln entworfene Perspektive auf das Lernen der Kinder beschränkt sich im Übrigen nicht auf Mathematik. Sie gilt genauso für die Sprachentwicklung, den Schriftspracherwerb, für Theorien über die Welt, für das soziale Lernen und vieles andere mehr.[7]

Link: kira.dzlm.de/node/803

DAS WICHTIGSTE KOMPAKT

| → Wo gelernt wird, werden Fehler gemacht. Fehler sind also natürliche Bestandteile des Lernprozesses. | → Aus der Sicht derjenigen, die sie begehen, sind Fehler häufig sinnvoll. Ihnen liegt eine Systematik zugrunde. | → Einiges von dem, was in unseren Augen und Ohren fehlerhaft erscheint, ist es gar nicht. Es ist dann sogar eher unser Fehler, wenn wir es nicht erkennen. |

Kinder[8]

sind neugierig und wollen dazu lernen

Nicht nur Dinge, die von praktischem Nutzen sind. Wenn sie jung sind, ist alles, was Erwachsene tun und wissen, interessant, wissens- und nachahmenswert. Und auch später gibt es viele Kinder, die Spaß an Zahlen und Rechnen nur um dieser Dinge selbst willen haben. Natürlich legen sie sich auch ganz besonders ins Zeug, wenn es darum geht, mit Hilfe von Mathematik ein Problem zu lösen, das sie ganz besonders betrifft – sei es die gemeinsame Planung der Verpflegung für den Schulbauernhofaufenthalt oder das Berechnen der eigenen Gesamtpunktzahl bei den Bundesjugendspielen.

müssen nicht alles vorgesagt bekommen

Sie können sich auch selbst einen Reim auf die Dinge machen, denen sie begegnen. Sie sind erfinderisch und wissen sich zu helfen. Sie sind in der Lage, das von der Mathematik selbst zu entdecken, was entdeckt werden kann: die *Denknotwendigkeiten* (zum Beispiel beim Addieren das schrittweise Vorgehen, das Vertauschen der Zahlen oder andere Strategien). Sie sind auch in der Lage, eigene Fehler zu entdecken und zu korrigieren. Bei den *Konventionen* – z.B. den Bedeutungen der Zeichen – sind sie zusätzlich auf Informationen „von oben" angewiesen – aber nur bei diesen.

wollen zeigen, was sie können

Sie stellen Ansprüche an sich und „streben nach Höherem"; sie sind stolz auf das, was sie können; sie haben bisweilen ein Gespür dafür, welches die fortgeschritteneren und welches primitivere Methoden sind.

müssen eigene Wege gehen

Kinder wollen das, sie tun es, wenn man sie lässt, und sie müssen es auch: Wer erfolgreich einen eigenen Weg zur Lösung eines Problems gegangen ist, hat mehr für das Selbstvertrauen in die Kraft des eigenen Denkens gewonnen als derjenige, der erfolgreich imitiert hat, was ihm vorgemacht wurde. Es denkt sich häufig auch leichter mit den selbstentwickelten Methoden. Das heißt aber nicht, die Wege anderer zu ignorieren oder von deren Wegen nicht profitieren zu können.

können häufig mehr, als man erwartet

Das stellt man fest, wenn man mal genauer hinguckt. Dann werden geradezu erschreckende Unterschiede sichtbar zwischen dem, was Erwachsene meinen, was Kinder schon wissen, und dem, was sie tatsächlich wissen. Was Kinder aber auch in höherem Umfang als erwartet können, das ist das selbstständige Arbeiten und Lernen.

denken richtig und machen trotzdem manchmal Fehler

Fehler sind notwendige Bestandteile fruchtbarer Lernprozesse. Wer sie unter der Rubrik „Konzentrationsmangel" einstuft, läuft Gefahr, den Kindern Unrecht zu tun. Sie können logischer gedacht haben, als man annimmt – und haben es in der Regel auch.

können rechnen, bevor sie Gerechnetes lesen und schreiben können

Es ist hier wie beim Sprechen: Man lernt es und beherrscht es ganz gut, bevor man lesen und schreiben kann. Warum sollte es beim Rechnen anders sein? Die Entwicklung des Denkens eilt auch hier weit der Fähigkeit voraus, anderer Leute Symbole zu entziffern und das, was man denkt und weiß, auch normgerecht aufzuschreiben.

brauchen geduldige Erwachsene

Last but not least. Manche Kinder sind schneller und manche brauchen etwas mehr Zeit. Das erfordert Geduld, aber es lohnt sich. Geduld brauchen Erwachsene aber auch, wenn sie Kinder verstehen wollen. Ihre Äußerungen und Lösungswege sind manchmal so undurchsichtig, dass es schon rechte Mühe macht, den Sinn dahinter zu entdecken. Warum soll es uns aber mit den Kindern anders gehen als es den Kindern mit uns geht?

KAPITEL 5

Was eine Münzreihe und Lotto miteinander zu tun haben

Bislang haben wir in der Hauptsache über Kinder und ihr Denken geschrieben. Da es in unserem Buch um Kinder *und* Mathematik gehen soll, wollen wir uns nun in diesem Kapitel mit verschiedenen Sichtweisen von Mathematik befassen. Lesen Sie daher zunächst negative und positive Erinnerungen von Erwachsenen an ihren eigenen Mathematikunterricht:

→ *Ich erinnere mich vorrangig an passives Aufnehmen des Stoffes durch lehrerzentrierten, nach ‚Schema F' verlaufenden Unterricht.*

→ *Bei uns gab es viel einsames Rechnen aufgrund mangelnder Hilfestellung und geringen Interesses des Lehrers an unseren Personen und Lösungswegen.*

→ *Der Unterrichtsstoff wurde nur für die Klassenarbeiten gelernt und dann schnell wieder vergessen.*

→ *Allein die Lösung zählte; der Lösungsweg wurde in unsere Köpfe gehämmert.*

→ *Wir haben unsere Unterrichtsinhalte selbstständig erarbeitet und konnten uns aktiv am Unterrichtsgeschehen beteiligen; die Unterrichtsgestaltung war recht vielseitig.*

→ *Wir hatten offene Lehrer, an die wir uns wenden konnten und die uns verstanden.*

→ *Durch den Unterricht wurde bei mir das Interesse an der Mathematik über die Schule hinaus angeregt.*

→ *Der Weg zur Lösung war genauso wichtig wie das Ergebnis selbst; verschiedene Lösungswege wurden anerkannt.*

Wo würden Sie Ihren eigenen Unterricht eher einordnen? In den Äußerungen spiegeln sich gegensätzliche Erfahrungen mit Mathematikunterricht wider, die zu unterschiedlichen Sichtweisen auf Mathematik führen können. Diese werden wir im Folgenden in zwei Abschnitten diskutieren. Zunächst gehen wir auf die Position ein, die Mathematik – zumindest beginnend mit den Klassen 7 oder 8 – als eine schwer durchschaubare Geheimwissenschaft sieht. Viele Leserinnen und Leser haben sie möglicherweise bislang so kennen gelernt.

Anschließend beschreiben wir Grundzüge einer anderen Sichtweise, die Mathematik als eine Tätigkeit versteht. Wir ergänzen diese Beschreibung durch Anregungen für Sie, sich selbst jeweils ein Stück Mathematik zu erobern. Hierzu benötigen Sie keine Formeln oder Regeln, sondern nur etwas Ruhe und ihren gesunden Menschenverstand. Wenn Sie das Kapitel 6 lesen, werden Sie feststellen, dass vieles von dem hier Besprochenen sich auch in den Zielsetzungen zeitgemäßen Unterrichts wiederfindet.

Mathematik als Geheimwissenschaft

Für die meisten Menschen ist Mathematik wie bittere Medizin, hat der Mathematiker und Computerwissenschaftler Seymour Papert geschrieben, und damit hat er vermutlich Recht. Aus Gesprächen mit unterschiedlichsten Menschen haben wir den Eindruck gewonnen, dass viele von ihnen überwiegend schlechte Erfahrungen mit Mathematik gesammelt haben.

Mathematik wird als ein Wissensbestand angesehen, der aus undurchschaubaren Begriffen, Sätzen und Verfahren besteht – zumindest ab einer bestimmten Klassenstufe. Die Techniken dieser Geheimwissenschaft gilt es, notfalls auch ohne Verständnis zu lernen, um sie bei der nächsten Klassenarbeit abzuspulen und dann wieder zu vergessen.

Mathematik und Kreativität – so eine weit verbreitete Meinung – haben wenig oder sogar nichts miteinander zu tun. Der Sinn von Beweisen ist unklar. Und wenn man etwas beweist, muss man Schritte tun, die man nicht versteht und von denen man nicht weiß, warum man sie tut. Mathematiker werden häufig gleichermaßen geachtet

Aller guten Witze sind drei

Die Behauptung
Ein Soziologe, ein Physiker und ein Mathematiker sitzen in einem Zug und passieren eine Landesgrenze. Nach einigen Minuten sehen sie zwei schwarze Schafe.
Der Soziologe sagt: „Das ist ja interessant. In diesem Land sind die Schafe schwarz."
Der Physiker berichtigt ihn: „Das können Sie so nicht sagen. Man kann höchstens behaupten: Zwei Schafe in diesem Land sind schwarz."
Der Mathematiker schüttelt den Kopf und sagt: „Auch das können Sie nicht behaupten. Man kann lediglich sagen: Zwei Schafe in diesem Land sind auf einer Seite schwarz."

Die Feststellung
Zwei Männer haben sich auf einem Ballonflug im Nebel verirrt. Da sehen sie auf der Erde einen Menschen und schaffen es, sich ihm auf Hörweite zu nähern. „Hallo", brüllen sie, „wo sind wir?" Der Mensch am Boden überlegt angestrengt und antwortet schlussendlich, kurz bevor der Ballon außer Hörweite ist: „Ihr seid in einem Ballon!"
Verdutzt schauen sich die Ballonfahrer an. „So ein blöder Idiot!", sagt der eine wutentbrannt. „Das war bestimmt ein Mathematiker," entgegnet der andere. „Wieso?" – „Erstens hat er ganz lange nachgedacht, zweitens ist seine Antwort absolut korrekt und drittens ist sie vollkommen unbrauchbar."

Die Folgerung
Der berühmte Mathematiker Norbert Wiener wurde einmal auf dem Universitätsgelände von einem Studenten angesprochen, der eine Frage hatte. Wiener blieb stehen und erörterte zusammen mit dem Studenten das Problem. Als sie fertig waren, fragte er: „Bin ich aus dieser Richtung oder der entgegengesetzten Richtung gekommen, als sie mich ansprachen?" Der Student nannte ihm die Richtung, aus der er gekommen war. „Aha", sagte Wiener, „also habe ich noch nicht zu Mittag gegessen", und setzte seinen Weg Richtung Mensa fort.

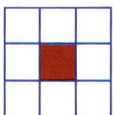

(ihrer offensichtlichen intellektuellen Kapazitäten wegen) und bemitleidet (ihrer scheinbaren Weltfremdheit wegen).

In zahlreichen Witzen macht man sich über Mathematiker und ihre vermeintlich typische Art des Denkens lustig. Dass diese auch gern von Mathematikern erzählt werden, zeigt, dass wohl ein Körnchen Wahrheit darin enthalten ist, obwohl jeder weiß, dass die darin zum Ausdruck kommende Sonderlichkeit übertrieben dargestellt wird.

Woher kommt die häufig negative Einstellung zur Mathematik und zu den Mathematikern? Dafür gibt es viele mögliche Ursachen und in Einzelfällen auch solche, an denen auch ein noch so guter Unterricht nichts ändern kann. Doch kommt stets auch der Unterricht als ein Verursacher infrage. Lesen Sie, welche Erinnerungen an seinen Mathematikunterricht ein nach eigener Aussage von schlechten Erfahrungen Geheilter hat[1]:

> Zugegeben: Ich war Insasse einer Sprach- und Rechenanstalt. Vielleicht müsste so ein Bericht über die ach so lange hinter mir liegende Schulzeit beginnen. Um dann so fortzufahren: Meine Pfleger beobachteten mich, ließen mich kaum aus dem Auge. Ich glaube heutzutage heißen sie, die Pfleger, Mathematiklehrer, und vollziehen noch immer mit Geodreieck und Zirkel ihre Feldzüge im Klassenzimmer:
>
>> In diesen Mauern, diesen Hallen
>> Will es mir keineswegs gefallen.
>> Es ist ein gar beschränkter Raum,
>> Man sieht nichts Grünes, keinen Baum,
>> Und in den Sälen, auf den Bänken
>> Vergeht mir Hören, Sehen und Denken.
>
> Ihr Dienst beginnt mit Gongschlag, welcher … bei mir auslöste … merkwürdige Verkrampfungen in Klein- und Großhirn, Schweißausbrüche, Angstzustände etc. – eben: erziehungstechnokratische Abrichtung auf die Welt der Zahl oder so ähnlich. Das Ganze in einer eigentümlichen Mischung aus Kloster und Schule, Predigten und obligatorischem – oder sollte ich sagen: militärischem? – stand up, wenn der Pfleger das Anstaltszimmer betrat. …
>
> Was ich damit sagen möchte: Eigentlich blieb mir nie genug Zeit, um das einmal nachzuvollziehen, was dort vorne am anderen Ende des Anstaltzimmers auf ein paar Quadratmetern grüner Fläche so vor sich ging. Klar, es gab die Cracks, die uns durch jede noch so verwirrende Aufgabe brachten, und es gab einige Irre, die schienen mir gar unserem Pfleger haushoch überlegen, und so wurde Punkt x in Buch y auch abgehakt, doch mir stellte sich in immer dramatischerer Form die folgenschwere Frage: Kann es für dich persönlich ein Leben nach den binomischen Formeln geben, und wenn ja: Ist Gott auch ein Mathematiker?

Menschen, die solche Erfahrungen in der Schule gemacht haben, können leicht zu ‚Auto-Mathen' werden. Darunter versteht man Menschen, die funktionieren, so gut es eben geht, statt selbst zu denken. Eventuell fragen Sie sich, was diese Ausführungen mit der Grundschule zu tun haben. Rechenunterricht in den ersten vier Schuljahren ist doch eigentlich etwas ganz anderes. Solche einschneidenden Folgen sind hier doch wohl nicht zu befürchten.

Weit gefehlt! Das, was oben auf der Negativseite beschrieben ist, gibt es von der 1. bis zur

13. Klasse. Rechnen lernen ohne Sinn und Verstand kann man schon in der Grundschule. Dabei sind die oben erwähnten Nebenwirkungen alles andere als ausgeschlossen. Wie man hingegen Mathematik auf eine andere Weise erfahren kann, wollen wir im Folgenden beschreiben.

Mathematik als Tätigkeit

Was ist Mathematik denn nun, wenn nicht ein Wissensbestand in Form von Begriffen, Sätzen und Verfahren, der von den Lehrern eingetrichtert und von den Lernenden konsumiert werden muss, damit man ihn als Werkzeug zur Verfügung hat, wenn man ihn braucht?

So wie die Worte ‚Kunst' und ‚Musik' nicht nur für etwas schon Fertiges stehen – die Bilder oder die Musikstücke –, sondern auch für das, was Künstler und Musiker tun, nämlich malen und musizieren, so steht ‚Mathematik' auch für eine Tätigkeit, bei der

- Intuition, Fantasie und schöpferisches Denken beteiligt sind,
- man durch eigenes und gemeinschaftliches Nachdenken Einsichten erwerben und Verständnis gewinnen kann und
- selbstständig Entdeckungen machen und dabei Vertrauen in die eigene Denkfähigkeit und Freude am Denken aufbauen kann.

Für viele Leserinnen und Leser ist das vermutlich eine neue und unvertraute Sichtweise. Dass Mathematik etwas mit Kreativität zu tun haben soll, ist für viele schwer vorstellbar. Wenn Sie aber das Buch: ‚Der Zahlenteufel' von Hans Magnus Enzensberger[2] gelesen haben, wird Ihnen das Obige nicht so fremd sein. Auch nicht, dass eigentlich jeder Mensch ein Mathematiker ist – auch jedes Kind.

> Die Mathematik existiert nur im Intellekt. Jeder, der sie erlernt, muß sie daher nachempfinden bzw. neu gestalten. In diesem Sinn kann Mathematik nur erlernt werden, indem sie geschöpft wird. Wir glauben nicht, daß ein klarer Trennstrich gezogen werden kann zwischen der Tätigkeit des forschenden Mathematikers und der eines Kindes, das Mathematik lernt. Das Kind hat andere Hilfsmittel und andere Erfahrungen, aber beide sind in den gleichen schöpferischen Akt einbezogen. Wir möchten betonen, daß die Mathematik, die ein Kind beherrscht, tatsächlich sein Besitz ist, weil das Kind diese Mathematik durch persönliche Handlung entdeckt hat.[3]

Mathematik fängt schon da an, wo ein Kind für sich allein entdeckt, dass es ‚gerechte' und ‚ungerechte' Zahlen gibt (wir Erwachsenen nennen sie gerade und ungerade). Oder wo es für die Zahl 101, die wir ‚hunderteins' nennen, ‚einhundert' sagt, weil es das Prinzip der Zahlwortbildung für zweistellige Zahlen auf dreistellige überträgt. Die vorangehenden Kapitel sind voll von solchen Beispielen, in denen Kinder Mathematik auf eigenen Wegen und durch eigene

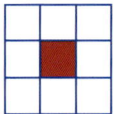

Konstruktionen erlernen. Was im letzten Satz des obigen Zitats als Folgerung für den Unterricht angedeutet ist, wird in der folgenden Äußerung noch pointierter ausgedrückt[4]:

> Mathematik ist keine Menge von Wissen. Mathematik ist eine Tätigkeit, eine Verhaltensweise, eine Geistesverfassung. …
> Immer gilt: Der Schüler erwirbt Mathematik als Geistesverfassung nur über Vertrauen auf seine eigenen Erfahrungen und seinen eigenen Verstand. Viele Schüler haben im Mathematikunterricht erfahren, daß sie mit ihrem Verstand nichts anfangen können, daß es ihnen am rechten Verstand fehlt, daß der Lehrer und das Buch doch alles besser wissen, als sie es sich selber ausdenken können. …
> Eine Geisteshaltung lernt man aber nicht, indem einer einem schnell erzählt, wie er sich zu benehmen hat. Man lernt sie im Tätigsein, indem man Probleme löst, allein oder in seiner Gruppe – Probleme, in denen Mathematik steckt.

Wenn Sie zu denjenigen gehören, die mit Mathematik in der Schule überwiegend weniger gute Erfahrungen gemacht haben, dann werden Sie mit dieser Sichtweise vermutlich Schwierigkeiten haben. Auch wenn Sie zu dem Kreis von Personen gehören, die sich zwar gern an ihren Mathematikunterricht erinnern, sich aber dort im Wesentlichen von ‚reduzierter Mathematikkost' ernähren mussten, also dem Ausführen und Anwenden vorgegebener Verfahren, wird Ihnen dieser Standpunkt gewöhnungsbedürftig vorkommen.

Wie man Mathematik als eigene schöpferische Tätigkeit und nicht bloß als mühsames Nachvollziehen fremder Gedankengänge erfahren kann, sollen nun drei Beispiele zeigen. Wir laden Sie ein, selbst eigene Entdeckungen zu machen, und hoffen, dass einige von Ihnen dadurch möglicherweise einen anderen Zugang zur Mathematik finden.

Hierzu benötigen Sie allerdings ein wenig Zeit, denn mathematische Problemstellungen unterscheiden sich zumindest in einer Beziehung nicht wesentlich von Alltagsproblemen. Die Lösung springt nicht sofort ins Auge, kann aber durch zunehmend systematischeres Überlegen gefunden werden.

Dabei sollten Sie nicht sofort nach einer Formel suchen, sondern zunächst eine Reihe von Beispielen ausrechnen und versuchen, bei diesen Gemeinsamkeiten und Zusammenhänge aufzuspüren.

Zahlenmauern

In vielen Mathematikbüchern für die Grundschule finden sich die so genannten Zahlenmauern, manchmal auch Rechentürme oder Rechenpyramiden genannt (s. S. 49). Sie werden wie folgt gebildet: In jedem Stein steht die Summe der beiden darunter liegenden Steine. In der linken Mauer gehört also in das Feld über der 4 und der 2 eine 6, in dasjenige über der 2 und 3 eine 5 und schließlich

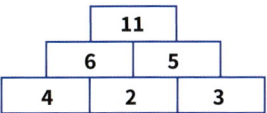 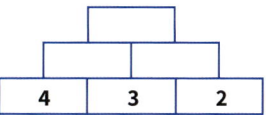 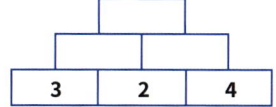

in das obere Feld, in den so genannten Zielstein, die 11 (als Ergebnis von 6 + 5).

Die mittlere und die rechte Mauer unterscheiden sich von der linken nur dadurch, dass die Zahlen 2, 3 und 4 anders angeordnet worden sind. Wie würden Sie – ohne zu rechnen – spontan antworten: Steht bei den anderen beiden Mauern die 11 ebenfalls ganz oben? Oder eine kleinere oder größere Zahl?

Man kann die drei Zahlen in der unteren Reihe aber auch noch anders anordnen. Schreiben Sie die fehlenden drei Möglichkeiten auf und rechnen Sie die zugehörigen Zahlenmauern aus! Für welche Anordnung der drei unteren Steine ergibt sich der kleinste, für welche der größte Zielstein? Schülerinnen und Schüler verstehen diese Aufgabe allerdings manchmal anders als sie gemeint ist …

BEISPIEL

Der größte Zielstein

Für ihr 1. Schuljahr hat die Lehrerin ein Arbeitsblatt vorbereitet. Vier nebeneinander stehende Zahlenmauern sind auszurechnen.

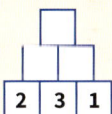 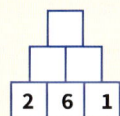 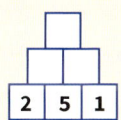 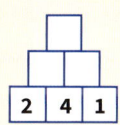

Die Lehrerin stellt die Aufgabe: „Findet die Zahlenmauer mit dem größten Zielstein!" Die Kinder gehen an die Arbeit und rechnen alle Aufgaben aus. Nach und nach finden alle heraus, dass die zweite Zahlenmauer den Zielstein mit dem größten Ergebnis hat.

Nur eine Zweiergruppe rechnet nicht. Die Kinder nehmen ein Lineal und halten es abwechselnd an das Arbeitsblatt. Beide diskutieren engagiert. Als die Lehrerin sieht, dass die Kinder nicht arbeiten, möchte sie sie an ihre eigentliche Aufgabe erinnern. Gerade als sie sie ermahnen will, sagt Vincent: „Es gibt keinen größten Zielstein. Wir haben es genau ausgemessen. Hier: 1,5 cm, 1,5 cm, 1,5 cm, 1,5 cm. Alle sind gleich groß."

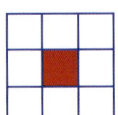

Hier sehen Sie nun alle sechs Möglichkeiten, die drei Zahlen 2, 3 und 4 als ‚Grundsteine' einer Zahlenmauer anzuordnen.

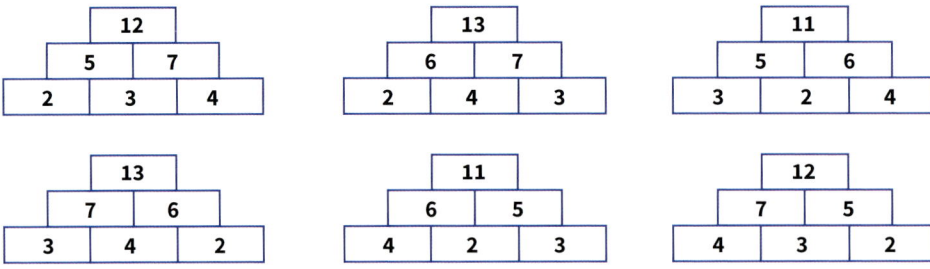

Es sieht so aus, als ob die mittlere Zahl entscheidet, wie groß die Zielzahl wird. Steht die 2 in der Mitte, so erhält man das Ergebnis 11, bei der 3 die 12 und bei der 4 die 13. Der Grund dafür ist, dass die mittlere Zahl in zwei andere Felder eingeht, während die beiden äußeren Zahlen nur einfach berücksichtigt werden. Die besondere Rolle der mittleren Zahl kann auch an folgendem Beispiel deutlich werden:

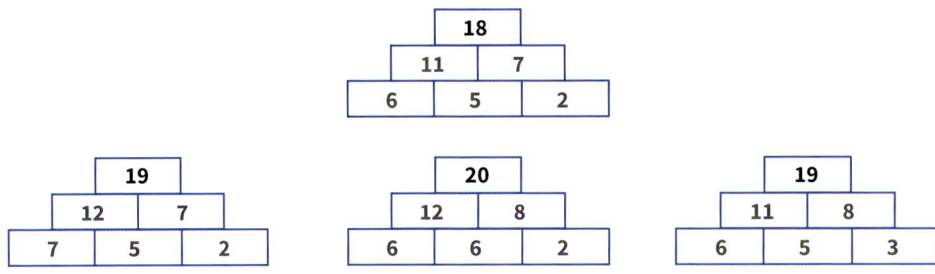

Bei der linken (mittleren, rechten) Mauer ist im Vergleich zur oberen Mauer der linke (mittlere, rechte) untere Stein um 1 erhöht worden. Schreibt man diese Erhöhung ausdrücklich hin, kann man erkennen, warum sich eine Veränderung der mittleren Zahl anders auswirkt als eine der beiden äußeren Zahlen.

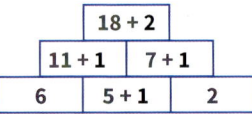 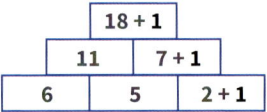

Haben Sie schon ein Gefühl dafür entwickeln können, dass hier mehr als nur Rechnen oder das Ausführen von vorgegebenen Rechenvorschriften im Spiel ist? Man kann Einiges entdecken, den entdeckten Zusammenhängen nachgehen und sie verstehen. Und man hat die Möglichkeit, zum Beispiel beim Ermitteln aller möglichen Anordnungen der drei Zahlen 2, 3 und 4 nicht nur blind zu probieren, sondern ganz im Sinne mathematischen Tuns eine selbst entwickelte Systematik zu benutzen.

Wenn Sie Lust haben, schauen Sie sich doch einmal die folgenden Aufgaben zu Zahlenmauern an. Sie sind auch geeignet, Erwachsene zum Nachdenken anzuregen. Sie können diese Aufgaben natürlich auch überspringen und mit unserem zweiten Beispiel, den Reihenfolgezahlen, weiter machen.

Dabei möchten wir Sie ermutigen, sich noch ein wenig mehr auf die „Erfahrung Mathematik" einzulassen. Wenn Sie am Ende denken *„Dass ich so etwas kann, hätte ich nie gedacht!"*, haben wir unser Ziel erreicht, Ihnen die Mathematik ein wenig schmackhafter zu machen.

Reihenfolgezahlen

Schauen Sie sich die vier Aufgaben auf der Seite 52 zunächst eine Weile an, bevor Sie anfangen zu rechnen. Überlegen Sie, was an diesen Aufgaben besonders ist und ob Sie das Ergebnis vielleicht auch anders finden können, als die Zahlen von links nach rechts Schritt für Schritt zusammenzuzählen.

ZUM AUSPROBIEREN

Spaß an Zahlenmauern?

1. Verwenden Sie in der unteren Reihe dreimal dieselbe Zahl, also z. B. 2, 2, 2 oder 3, 3, 3. Welche Zahl ergibt sich jeweils im Zielstein? In welchem Zusammenhang steht sie zu der unten verwendeten Ausgangszahl? Können Sie diesen Zusammenhang erklären?
2. Nehmen Sie drei aufeinanderfolgende Zahlen, z. B. 2, 3, 4 oder 7, 8, 9. Welche Zahl ergibt sich jeweils als Zielzahl? Welche Zusammenhänge zu den unten verwendeten Ausgangszahlen können Sie feststellen? Können Sie die Auffälligkeiten erklären?
3. Welche Möglichkeiten gibt es, gerade und ungerade Zahlen in der unteren Reihe so anzuordnen, dass eine gerade Zahl im Zielstein entsteht?
4. Wie wirkt es sich bei vierstöckigen Mauern aus, wenn Sie einen der vier unteren Steine um 1 erhöhen? Wie müssen Sie hier vier Zahlen anordnen, um das größte Resultat zu erhalten? Warum?
5. Erfinden Sie selbst entsprechende Aufgaben!

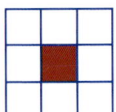

$$19 + 20 + 21 = \underline{\hspace{2cm}}$$

$$97 + 98 + 99 + 100 + 101 + 102 + 103 = \underline{\hspace{2cm}}$$

$$6 + 7 + 8 + 9 + 10 + 11 + 12 = \underline{\hspace{2cm}}$$

$$23 + 24 + 25 + 26 + 27 = \underline{\hspace{2cm}}$$

Betrachten Sie die ersten beiden Aufgaben und versuchen Sie herauszufinden, welcher Zusammenhang sich zwischen Zahlen in den Aufgaben und dem Ergebnis herstellen lässt! Können Sie auch bei den anderen beiden Aufgaben Beziehungen sehen? Wenn Sie diesen Zusammenhang entdeckt haben, dürfte Ihnen auch das geschickte Ausrechnen der folgenden Aufgabe keine großen Probleme bereiten:

$$47 + 48 + 49 + 50 + 51 + 52 + 53 = \underline{\hspace{2cm}}$$

Alle Aufgaben haben zwei Besonderheiten: Jede Zahl ist um eins größer als die vorhergehende. Man nennt sie daher auch Reihenfolgezahlen. Außerdem ist die Anzahl der Summanden ungerade, sodass es eine Zahl gibt, die genau in der Mitte steht. Die anderen Zahlen gruppieren sich um diese Mittelzahl. 101 ist eins mehr und 99 eins weniger als 100. 99 + 101 ist dasselbe wie 100 + 100. Ähnliches gilt für 98 und 102 bzw. für 97 und 103. Insgesamt ist daher

$$97 + 98 + 99 + 100 + 101 + 102 + 103$$
dasselbe wie
$$100 + 100 + 100 + 100 + 100 + 100 + 100 =$$
$$7 \cdot 100 = 700$$

und
$$23 + 24 + 25 + 26 + 27$$
dasselbe wie
$$25 + 25 + 25 + 25 + 25 = 5 \cdot 25 = 125$$

Ergänzen Sie entsprechend selbst:

$$19 + 20 + 21 = \underline{\hspace{3cm}}$$

$$6 + 7 + 8 + 9 + 10 + 11 + 12 = \underline{\hspace{3cm}}$$

Die Beispiele alleine beweisen zwar noch nichts. Aber wenn man die Aufgaben genau betrachtet, kann man herausfinden, dass die Auffälligkeiten kein Zufall sind. Man kann bei allen solchen Plusaufgaben das Ergebnis mit Hilfe einer Mal-Aufgabe ausrechnen. Hierbei ist ein Faktor der Malaufgabe (im obigen Beispiel 7 · 100) die ungerade Anzahl der Summanden (7) und der andere die Mittelzahl (100). Funktioniert das auch dann, wenn die Anzahl der Summanden gerade ist? Probieren Sie es aus!

$$5 + 6 + 7 + 8 + 9 + 10 = \underline{\hspace{2cm}}$$

$$9 + 10 + 11 + 12 + 13 + 14 + 15 + 16 = \underline{\hspace{2cm}}$$

$$151 + 152 + 153 + 154 = \underline{\hspace{2cm}}$$

Das Problem ist: Keiner der Summanden ist die mittlere Zahl. Das heißt allerdings nicht, dass es keine solche gibt. Im ersten Beispiel liegt die 7,5 genau in der Mitte von 5 und 10. Multipliziert man sie mit der Anzahl der Summanden – nämlich 6

– ergibt sich ebenfalls 45. Ähnliches gilt auch für die anderen beiden Aufgaben. So kann man also auch hier die Gesamtsumme schnell berechnen, indem man die mittlere Zahl mit der Anzahl der Summanden malnimmt.

Es geht aber auch anders: Statt jeweils eine Zahl, die größer ist als die Mittelzahl, zugunsten einer kleineren zu vermindern, kann man auch jeweils zwei zueinander passende Zahlen zusammenzählen. Nehmen Sie sich erneut ein wenig Zeit, sich vor dem Rechnen zu überlegen, wie das gehen könnte. Es ist allerdings nicht ganz einfach, einen Zusammenhang zwischen den Zahlen und dem Ergebnis zu entdecken:

$$\text{Wie kommt man also von}$$
$$5 + 6 + 7 + 8 + 9 + 10 \text{ zu } 45?$$
$$\text{oder von}$$
$$47 + 48 + 49 + 50 + 51 + 52 + 53 + 54 \text{ zu } 404?$$

Haben Sie bemerkt, dass es in den Aufgaben Zahlenpaare gibt, die zusammengezählt jeweils die gleiche Zahl ergeben?

$$5 + 6 + 7 + 8 + 9 + 10 = 3 \cdot 15$$

oder

$$47 + 48 + 49 + 50 + 51 + 52 + 53 + 54 = 4 \cdot 101$$

Sollten Sie
$$9 + 10 + 11 + 12 + 13 + 14 + 15 + 16 = _____$$
$$151 + 152 + 153 + 154 = _____$$

nicht auf diese Weise ausgerechnet haben, dann versuchen Sie es jetzt!

Auch hier beweisen die Beispiele alleine zwar noch nichts, aber es springt fast ins Auge, dass man bei Aufgaben mit 2, 4, 6, 8, … – also einer geraden Anzahl von – Summanden das Ergebnis ebenfalls mithilfe einer Malaufgabe ausrechnen kann: Man nimmt die immer gleiche Summe der zusammengehörigen Zahlen (im ersten Beispiel 15, im zweiten 101) und multipliziert sie mit der Hälfte der Anzahl der Summanden (im ersten Beispiel 3, im zweiten 4). Die Summe der beiden zusammengehörigen Zahlen ist übrigens immer eine ungerade Zahl. Wissen Sie, warum?

Was ist nun das Ergebnis dieses von uns gelenkten Entdeckungsprozesses? Wir haben herausgefunden, dass man die Summen von Reihenfolgezahlen mit vergleichsweise wenig Rechenaufwand berechnen kann, nämlich immer als ein Produkt einer ungeraden Zahl mit einer anderen Zahl, die gerade oder ungerade sein kann. Die ungerade Zahl ist entweder die Anzahl der Summanden (bei 3, 5, 7, … Summanden) oder die Pärchensumme (bei 2, 4, 6, … Summanden).

Bislang haben wir die Ergebnisse von vorgegebenen Aufgaben ermittelt. Jetzt kehren wir den Spieß um und suchen Aufgaben für ein bestimmtes Ergebnis. Finden Sie also zum Beispiel eine Summe von Reihenfolgezahlen, die genau 30 ergibt! Wohl niemand, für den diese Aufgabe neu ist, hat zu ihrer Lösung ein ‚Rezept' zur Hand. In einer solchen Situation ist es überhaupt nicht unmathematisch, zunächst einmal auszuprobieren. Im Gegenteil: Probieren ist eine der wichtigsten

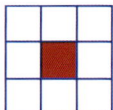

mathematischen Tätigkeiten. Nach und nach entwickelt sich dann oft ein systematischeres Vorgehen, das zu neuen Erkenntnissen führen kann.

Sie können natürlich auch überlegen, ob Ihnen diejenigen Zusammenhänge helfen können, die Sie bereits entdecken konnten. Das erleichtert es, nicht nur eine, sondern alle drei möglichen Lösungen zu finden!

Vermutlich wäre es bei 31 leichter gewesen, eine Aufgabe zu notieren. Eine Summe aufeinander folgender Zahlen kann nämlich auch aus lediglich zwei Zahlen bestehen. Für ungerade Zahlen wie für die 31, die 17 oder die 4681 kann man daher recht schnell eine Lösung finden. Man teilt die jeweilige Zahl durch 2 und gleicht etwas nach oben und unten aus: $31 = 15,5 + 15,5 = 15 + 16$ oder $4681 = 2340,5 + 2340,5 = 2340 + 2341$.

ZUM AUSPROBIEREN

Bis hierher haben Sie schon viele Zahlen kennen gelernt, die sich als Summe von Reihenfolgezahlen ausdrücken lassen. Da bietet sich natürlich an zu fragen, ob sich jede Zahl als Summe von Reihenfolgezahlen schreiben lässt. Die Null soll hierbei im Übrigen nicht vorkommen, d. h. Möglichkeiten wie $1 = 0 + 1$ oder $6 = 0 + 1 + 2 + 3$ sind nicht zugelassen.
Beginnen Sie nun und lesen Sie nicht weiter, bevor Sie nicht genügend Material haben – z. B. für die Zahlen von 1 bis 30 –, um eine Vermutung zu äußern! Wenn Ihre Zeit jetzt nicht mehr dazu reicht, nehmen Sie sich diese Untersuchung für ein anderes Mal vor und fahren Sie mit dem nächsten Abschnitt fort, der sich mit den Gewinnchancen beim Lotto befasst.

Natürlich können auch gerade Zahlen als Summen von Reihenfolgezahlen geschrieben werden. 60 und 700 kamen ganz am Anfang schon vor, für 30 haben Sie es vielleicht auch schon herausgefunden. Können Sie weitere finden?

Wenn Sie die Zahlen bis 30 untersucht haben, könnten Sie schon eine Vermutung haben, bei welchen Zahlen es nicht geht. Dann würde es sich z.B. anbieten, es noch mit 32 zu versuchen. Auch das werden Sie nicht schaffen. Aber wie können Sie sicher sein, dass sich hier wirklich keine Plusaufgabe mit Reihenfolgezahlen finden lässt?

Man könnte beispielsweise folgenden Denkweg einschlagen: Mit zwei Reihenfolgezahlen kann es nicht funktionieren, denn bei der Addition einer ungeraden und einer geraden Zahl muss immer eine ungerade Zahl herauskommen: $1 + 2 = 3$; $2 + 3 = 5$; $3 + 4 = 7$, usw.

Wie sieht es mit drei Reihenfolgezahlen aus? $1 + 2 + 3 = 6$; $2 + 3 + 4 = 9$; $3 + 4 + 5 = 12$. Auch bei den Ergebnissen dieser Reihe kommt die 32 nicht vor. Können Sie erklären, warum? Auch bei vier (fünf, sechs, sieben) Reihenfolgezahlen findet man keine Summe, die 32 als Resultat aufweist. Da die kleinste Achtersumme $1 + 2 + 3 + 4 + 5 + 6 + 7 + 8 = 36$ ist, braucht man nicht mehr weiter zu suchen. Sie können sich nun sicher sein, dass man zu 32 keine Summe von Reihenfolgezahlen finden kann. Für alle kleineren Zahlen findet man mindestens eine Möglichkeit, nur für 1, 2, 4, 8 und 16 nicht.

Wie lauten wohl die nächsten Zahlen, bei denen es nicht geht? Man könnte vermuten, dass es sich um die 64, dann die 128 und im Weiteren um das jeweils Doppelte handelt. Es ist zwar nicht immer so in der Mathematik, dass es zwangsläufig so regelmäßig weitergeht, aber hier ist das tatsächlich der Fall.

Für alle Zahlen der Art $2 = 2^1$, $2 \cdot 2 = 2^2$, $2 \cdot 2 \cdot 2 = 2^3$, $2 \cdot 2 \cdot 2 \cdot 2 = 2^4$, $2 \cdot 2 \cdot 2 \cdot 2 \cdot 2 = 2^5$ – auch Zweierpotenzen genannt – kann man keine Summe von Reihenfolgezahlen finden. Und das braucht man nicht nur zu vermuten. Sie können es auch schlüssig begründen mithilfe der Einsichten, die weiter oben notiert worden sind. Dadurch können Sie auch verstehen, warum es nicht funktioniert. Wenn Sie wissen wollen, wie wir die Begründung formulieren, schauen Sie in den Anmerkungen nach.[5]

Gewinnchancen beim Lotto

Würden wir das Kapitel hier beenden, könnte leicht der falsche Eindruck entstehen, Mathematik sei in der Hauptsache ein intelligentes Spiel mit Zahlen, hätte mit der Wirklichkeit nichts zu tun und hätte auch keine praktischen Anwendungen. Daher wollen wir an einem Beispiel zeigen, wie Mathematik auch in Situationen, die zunächst als nicht berechenbar erscheinen, Grundlage für praktisch bedeutsame Einschätzungen sein kann.

Im Unterschied zu den vorherigen Abschnitten wählen wir hier ein stärker erklärendes Vorgehen. Das heißt aber nicht, dass wir Ihnen das Denken vollständig abnehmen. Es ist eine weit verbreitete Fehleinschätzung, allein durch passives Aufnehmen einer guten Erklärung könne

BEISPIEL

Robert und die Reihenfolgezahlen [6]

In der Schule war es wie immer, nur daß Dr. Bockel einen sehr müden Eindruck machte. Er verschanzte sich hinter seiner Zeitung. Offenbar wollte er ungestört seine Brezeln essen. Deshalb hatte er sich eine Aufgabe ausgedacht, von der er sicher war, daß die ganze Klasse den ganzen Rest der Stunde brauchen würde, um sie zu lösen.
„Wie viele Schüler hat eure Klasse?", hatte er gefragt. Sofort war die eifrige Doris aufgestanden und hatte gesagt: „Achtunddreißig." – „Gut, Doris. Nun paßt gut auf. Der erste Schüler da vorn, wie heißt er noch gleich, Albert, ja, Albert soll eine Brezel kriegen. Du, Bettina, bist die zweite, du bekommst zwei Brezeln, Charlie kriegt drei, Doris vier, und geht es weiter bis zum Achtunddreißigsten. Jetzt rechnet ihr bitte aus, wie viele Brezeln wir bräuchten, um auf diese Weise die Klasse zu versorgen."
Das war wieder einmal eine typisch verbockelte Aufgabe! Der Teufel soll ihn holen, dachte Robert. Aber er ließ sich nichts anmerken.
Dr. Bockel fing an, in aller Ruhe seine Zeitung zu lesen, und die Schüler beugten sich über ihre Rechenhefte. Unter der Bank zog Robert vorsichtig seinen Taschenrechner aus der Schulmappe und tippte ein:
19 x 39 = 741
„Ich hab's", rief er. „Das ist kinderleicht!" – „So?", sagte Dr. Bockel und ließ seine Zeitung sinken. – „741", sagte Robert ganz leise. Es wurde vollkommen still in der Klasse. – „Woher weißt du das?", fragte Dr. Bockel. – „Ooch", antwortete Robert, „das rechnet sich doch fast von selber."

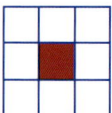

man etwas verstehen. Ohne Mitdenken geht es nicht. Denn hinter jeder Erklärung verbirgt sich eine bestimmte Sichtweise auf ein Problem, jede Erklärung baut auf unausgesprochenen Voraussetzungen auf. Daher muss man selbst durch eine aktive Auseinandersetzung mit dem Text das Erklärte mit dem in Verbindung bringen, was man schon weiß – sonst nützt die ganze Erklärung nichts. Wir hoffen, dass diejenigen unter Ihnen, die mit der Mathematik zufälliger Ereignisse nicht besonders vertraut sind, durch das Folgende ein besseres Verständnis eines alltagsbedeutsamen Stückes Mathematik erlangen.

Beim Würfeln kann man nicht vorhersagen, welche Augenzahl erscheinen wird. Und wer eine Münze wirft, kann vorher nicht wissen, auf welche Seite sie fallen wird: Kopf oder Zahl. Man spricht in diesem Falle von einem ‚Zufallsexperiment'.

Trotzdem lassen sich Gewinnchancen bei Glücksspielen mathematisch berechnen. Man weiß zwar nicht, was im Einzelfall geschieht, kann aber recht gut abschätzen, was vernünftigerweise zu erwarten ist, wenn man ein solches Zufallsexperiment sehr oft durchführt.

Ein Beispiel: Stellen Sie sich bitte vor, Hans und Sonja vereinbaren folgendes Spiel. In einer Schachtel sind vier Kugeln, auf denen die Nummern 1, 2, 3 und 4 stehen. Es werden zwei Kugeln nacheinander herausgezogen. Sind die gezogenen Zahlen beide gerade oder beide ungerade, hat Hans gewonnen. Ist eine Zahl gerade und die andere ungerade, ist Sonja die Siegerin. Wer hat bei diesem Spiel die besseren Chancen? Oder haben beide gleiche Chancen zu gewinnen?

ZUM AUSPROBIEREN

1. Welche Antwort ist Ihres Erachtens die richtige?
2. Es wäre schön, wenn Sie jetzt das Experiment etwa 30-mal durchführen und jedes Mal mithilfe von Strichen notieren würden, ob Hans oder Sonja gewonnen hat.

HANS GEWINNT	SONJA GEWINNT

3. Vergleichen Sie den Ausgang des Experiments mit Ihrer Vermutung. War es eine der beiden folgenden Antworten?

Antwort 1: Hans hat die besseren Chancen. Denn er hat zwei Möglichkeiten zu gewinnen: Beide Zahlen sind gerade oder beide Zahlen sind ungerade. Sonja gewinnt nur in einem Fall, wenn nämlich eine Zahl gerade und die andere ungerade ist.
Antwort 2: Die Chancen sind gleich. Hans gewinnt, wenn beide Zahlen gerade (gg) oder beide ungerade sind (uu). Sonja ist die Siegerin bei ‚gu' und bei ‚ug'. Also gibt es für jeden zwei Möglichkeiten, zu gewinnen.

Hatten Sie sich für eine dieser beiden Antworten entschieden, dann dürfte Ihre Antwort nicht besonders gut zum Ausgang des Experimentes passen. Wir haben das Experiment ebenfalls 30-mal durchgeführt. Dabei haben wir 7-mal ‚gg' bzw. ‚uu' erhalten und 23-mal ‚gu' bzw. ‚ug'. Sonja gewann also viel häufiger. Dies lässt sich erklären durch:

Antwort 3: Für die vier Zahlen 1, 2, 3 und 4 gibt es zwölf gleich berechtigte Möglichkeiten, zwei von ihnen zu ziehen. Die jeweils links stehende Zahl meint die jeweils erstgezogene.

1 2	1 3	1 4
2 1	2 3	2 4
3 1	3 2	3 4
4 1	4 2	4 3

Nur in den vier gelb unterlegten von insgesamt zwölf Fällen werden zwei gerade oder zwei ungerade Zahlen gezogen. Bei einer großen Zahl von Wiederholungen kann man also damit rechnen, dass dieses etwa in einem Drittel aller Fälle passiert. Also sind Sonjas Chancen doppelt so groß wie die von Hans. Bei nur 30 Wiederholungen kann es allerdings durchaus passieren, dass das Ergebnis dieses Zahlenverhältnis noch nicht so gut widerspiegelt (siehe oben). Zumindest ist jedoch zu erwarten, dass Sonja häufiger gewinnt. Je größer die Anzahl der Versuche ist, desto näher wird das Ergebnis dem Verhältnis 1 : 2 kommen.

Anhand dieses Beispiels wollten wir aufzeigen, wie mathematische Überlegungen helfen können, zu verstehen, warum in der Welt des Zufalls sich manches anders verhält, als es beim ersten Hinsehen erscheint. Dabei haben wir lediglich von folgender Voraussetzung Gebrauch gemacht, die die Wahrscheinlichkeitsrechnung benutzt, um Vorhersagen zu machen. Gleich berechtigte Möglichkeiten treten bei sehr häufiger Wiederholung eines Zufallsexperimentes jeweils in etwa gleicher Häufigkeit auf.

Wichtig ist das ‚sehr häufig', denn wenn man z.B. nur genau 6-mal würfelt, wird in der Regel nicht jede der Zahlen von 1 bis 6 genau einmal gewürfelt werden. Doch bei einer sehr großen Anzahl von Würfen können wir in ungefähr einem Sechstel aller Fälle eine Eins erwarten.

Eine ähnliche Überlegung wollen wir nun auf das Samstags-Lotto (‚6 aus 49', ohne Zusatzzahl) anwenden. Wenn man wissen will, wie groß die Chancen für 6 Richtige sind, muss man herausfinden, wie viele gleich berechtigte Ziehungsmöglichkeiten es insgesamt gibt und wie viele davon genau die sechs Zahlen eines Tipps enthalten. Zur Erklärung ziehen wir zunächst einen anderen Zusammenhang heran.

Stellen Sie sich vor, ein Sportverein hat 49 Mitglieder. Auf der Jahreshauptversammlung sind der Vorsitzende, der Kassenwart und der Schriftführer zu wählen. Auf wie viele verschiedene Arten kann die Wahl ausgehen, wenn jede Person für jeden Posten gewählt werden kann? Dabei soll keine Person mehrere Ämter bekleiden.

Für die Wahl des Vorsitzenden gibt es 49 Möglichkeiten. Für jeden dieser 49 möglichen Vorsitzenden gibt es 48 Möglichkeiten (da es nach der Wahl des 1. Vorsitzenden ja nur noch 48 Personen sind), einen Kassenwart dazuzuwählen. Also gibt

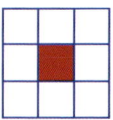

es 49 · 48 mögliche Wahlergebnisse für eine Zweiergruppe aus Vorsitzendem und Kassenwart. Zu jedem dieser 49 · 48 Paare gibt es 47 mögliche Schriftführer, d.h. 49 · 48 · 47 = 110 544 mögliche Dreierkommitees.

Ganz ähnlich kann man sich nun überlegen, auf wie viele Arten 6 aus 49 Lottokugeln gezogen werden können: Für die erste Kugel gibt es 49 Möglichkeiten, für jede dieser 49 möglichen ersten Kugeln existieren 48 Möglichkeiten für die zweite und so weiter. Die Zahl aller Möglichkeiten, sechs Kugeln nacheinander zu ziehen, beträgt demnach 49 · 48 · 47 · 46 · 45 · 44. Das sind 10 068 347 520, also etwas mehr als 10 Milliarden Möglichkeiten.

Eine bestimmte Zahlenkombination, die man getippt hat, z.B. 2, 3, 17, 23, 29, 44, kann nun allerdings auf unterschiedliche Weise gezogen werden: beispielsweise in der angegebenen Reihenfolge oder als 3, 44, 17, 2, 23, 29 oder als 2, 29, 17, 44, 3, 23. Wie viele mögliche Reihenfolgen es insgesamt sind, kann man auf dieselbe Weise berechnen.

Bei sechs bestimmten Zahlen gibt es sechs Möglichkeiten, eine von ihnen als erste Zahl zu ziehen. Zu jeder dieser sechs Möglichkeiten gibt es fünf zweite Zahlen, also 6 · 5 Möglichkeiten für ein Pärchen aus erster und zweiter Zahl. Insgesamt kann also die obige – und natürlich auch jede andere – Sechserkombination in 6 · 5 · 4 · 3 · 2 · 1 verschiedenen Reihenfolgen gezogen werden. 720 von den 10 068 347 520 möglichen Ziehungsergebnissen enthalten also die 6 getippten Zahlen. Das Verhältnis von 720 zu 10 068 347 520 entspricht dem Verhältnis von 1 zu 13 983 816. Die Chance, mit einem Tipp sechs Richtige zu erzielen, liegt also bei ungefähr 1 zu 14 Millionen.

Wie winzig klein die Chance ist, sechs Richtige zu erzielen, wollen wir abschließend veranschaulichen.[7] Stellen Sie sich vor, an den Rand einer Autobahn werden in einer Reihe 13 983 816 2-Euro-Münzen hingelegt. Bei einem Münzdurchmesser von 2,5 cm ergibt dies eine Münzreihe der Länge 13 983 816 · 2,5 cm = 34 959 540 cm, also ungefähr 350 km.

Das entspricht in etwa der Strecke von Mannheim nach München oder der von Dortmund nach Hamburg. Von diesen fast 14 Millionen Münzen sei nur eine einzige markiert, wobei die Markierung rein äußerlich nicht zu erkennen sei. Ein Autofahrer fährt diese Strecke, hält zu einem zufällig gewählten Zeitpunkt an und nimmt zufällig eine Münze. Die Chance, dass er so die markierte Münze erhält, ist genauso groß wie mit einer einzigen Tippreihe einen Sechser zu erzielen.

Wie Sie vielleicht wissen, gibt es seit einigen Jahren die sogenannte Superzahl, die die Wahrscheinlichkeit auf einen Hauptgewinn weiter vermindert. Auf dem Lotto-Schein ist zusätzlich eine der 10 Ziffern von 0 bis 9 anzukreuzen. Um den Jackpot zu knacken, muss man nicht nur 6 Richtige, sondern auch noch die richtige Superzahl angekreuzt haben. Die Chance dafür steht 1 zu 10. Das bedeutet, dass sich die Chance, den Hauptgewinn zu erzielen, von 1 zu 14 Millionen auf 1 zu 140 Millionen verringert hat. In der Münzreihen-Veranschaulichung hieße das, auf einer 3500 km langen Strecke genau das einzig markierte 2-Eurostück zu ziehen. Hierzu müsste man beispielsweise auf der Strecke von Minsk nach Madrid fahren – einmal quer durch Europa!

Link: kira.dzlm.de/node/76

DAS WICHTIGSTE KOMPAKT

→ Der gängige Unterricht ist nicht schuldlos daran, dass Mathematik von vielen Menschen als unverstehbare Sammlung von Formeln und Rezepten angesehen wird, die man auswendig lernt, um sie im Anschluss an die nächste Klassenarbeit schnell wieder zu vergessen.

→ So wie die Worte ‚Kunst' und ‚Musik' nicht nur für etwas schon Fertiges stehen, so steht auch ‚Mathematik' für eine Tätigkeit, bei der Intuition, Fantasie und schöpferisches Denken beteiligt sind und bei der man durch eigenes und gemeinschaftliches Nachdenken Einsichten erwerben und Verständnis gewinnen kann.

→ Die Mathematik bietet zahlreiche Möglichkeiten, selbstständig Entdeckungen machen und dabei Vertrauen in die eigene Denkfähigkeit und Freude am Denken aufbauen zu können – für Grundschulkinder wie auch für Erwachsene.

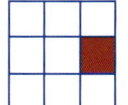

KAPITEL 6

Warum Ausrechnen-Können nicht ausreicht

Auf welche Ziele hin Kinder in der Schule unterrichtet werden, wird von jedem einzelnen Bundesland in dem für dieses Land gültigen Lehrplan festgelegt. Diese können Sie in Ihrer Buchhandlung bestellen oder sich darüber unter http://www.bildungsserver.de informieren. Auch wenn diese 16 Lehrpläne sich in Einzelheiten unterscheiden, stimmen sie in den grundlegenden Zielsetzungen – neuerdings ‚Bildungsstandards', ‚tragfähige Grundlagen' oder ‚Kerncurriculum' genannt – weitgehend überein.

Auf diese stützen wir uns, wenn wir im Folgenden beschreiben, was Kinder am Ende der Grundschulzeit wissen und können sollten. Sie werden möglicherweise von Vielfalt und Anspruchsniveau dessen überrascht sein, was verlangt ist. Sie sollten beim Lesen aber immer im Blick haben, dass die genannten Ziele als Orientierung dienen, woraufhin die Kinder gefördert werden sollten, d.h. dass sie eine gewisse Bandbreite bei der Lernentwicklung des einzelnen Kindes zulassen.

Die Ziele selbst lassen sich drei großen Bereichen zuordnen:

→ Kenntnisse und Fertigkeiten,
→ Fähigkeiten,
→ Einstellungen.

Bereits an dieser Auflistung wird deutlich, dass es beim Mathematikunterricht in der Grundschule um weit mehr geht als das Ausrechnen-Können von Rechenaufgaben. Das wollen wir anhand der Zahlenmauern darstellen, die Sie bereits aus dem vorangehenden Kapitel kennen. Zahlenmauern finden sich in nahezu jedem Mathematikbuch, allerdings mit durchaus unterschiedlichen Akzentuierungen. Manchmal dienen Zahlenmauern ausschließlich dazu, das Rechnen zu üben. Manchmal sollen sie aber auch die Kinder zusätzlich zum Denken anregen. Wir wollen diesen Unterschied nun durch zwei Aufgabenblätter (schauen Sie zunächst auf Seite 61) illustrieren.

Die ersten drei Aufgaben der Variante B sind auch in der Variante A enthalten. Daneben finden sich bei A noch weitere ähnliche Aufgaben. Im Kern geht es hier um das Üben der Addition und der Subtraktion. Die Schülerinnen und Schüler füllen eine Zahlenmauer aus und gehen über zur nächsten.

Dieses Ziel wird auch bei B verfolgt. Aber hier geht es um mehr als lediglich ums Rechnen. Bei der Nummer 4 sollen die Kinder herausfinden, was passiert, wenn die Zahlen 3, 4 und 6 unterschiedlich angeordnet werden. Wie wirkt sich das auf die anderen Zahlen in der Mauer aus? Bei Nummer 5 sollen sie Zahlenmauern finden, de-

Zahlenmauern – so und so

Schauen Sie sich die beiden Aufgabenblätter an: Worin bestehen Gemeinsamkeiten, worin Unterschiede? Am besten, Sie lösen die Aufgaben zunächst einmal selbst.

Zahlenmauern (Variante A)

1. Kleine Zahlenmauern

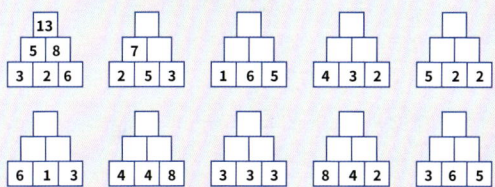

2. Große Zahlenmauern

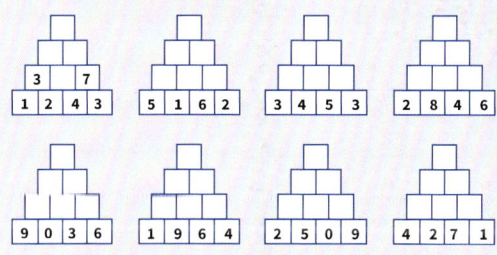

3. Schwierige Zahlenmauern

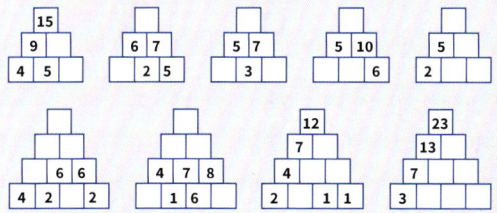

Zahlenmauern (Variante B)

1.

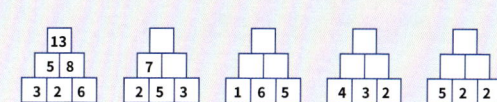

2.

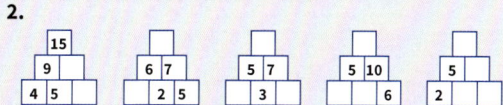

3.

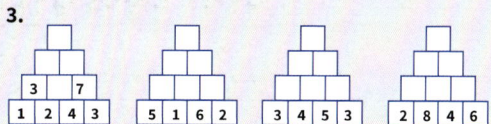

4. Was fällt dir auf?

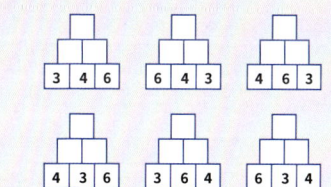

5. Zielzahl 20

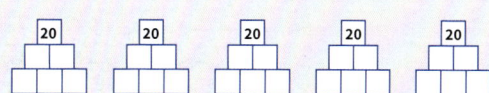

6. Erfinde selbst Zahlenmauern in deinem Heft

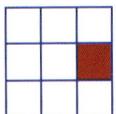

ren Zielzahl 20 beträgt. Und schließlich sollen sie selbst Zahlenmauern frei erfinden.

Durch Aufgaben des Typs 4, 5 oder 6 erwerben die Schülerinnen und Schüler nicht nur Kenntnisse und Fertigkeiten, sondern auch Fähigkeiten, die beim Lernen von Mathematik unverzichtbar sind. Dazu mehr im folgenden Abschnitt.

Mathematische Fähigkeiten

Erziehung zu Selbstständigkeit, Mündigkeit, Ausdrucksfähigkeit, Argumentationsfähigkeit oder Teamfähigkeit – Forderungen dieser Art werden Sie in jedem Lehrplan finden. Bezogen auf das Fach Mathematik bedeutet das, dass die Kinder im Laufe ihrer Grundschulzeit folgende Fähigkeiten erwerben sollten:

→ Die Kinder erforschen problemhaltige Situationen experimentierend, dabei entdecken sie Auffälligkeiten, gehen eigene Lösungswege und erfinden Aufgaben selbst (Oberbegriff: **kreativ sein**).

→ Sie entnehmen aus lebensweltlichen Situationen mittels geeigneter Methoden (Zählen, Schätzen, Messen, Befragen, Nachlesen, Internetrecherche, ...) relevante Informationen, modellieren die Situationen und beziehen die Ergebnisse auf die Ausgangssituation zurück (**mathematisieren**).

→ Sie stellen Vermutungen über mathematische Sachverhalte (Auffälligkeiten, Regeln, Beziehungen, Ausnahmen, usw.) an und bestätigen oder widerlegen diese anhand von repräsentativen Beispielen oder von allgemeinen Überlegungen (**begründen**).

→ Sie strukturieren Auffälligkeiten (z.B. durch Ordnen), drücken diese für andere nachvollziehbar mündlich oder schriftlich aus und bedienen sich dabei angemessener Darstellungsweisen (**darstellen**).

→ Sie bearbeiten gemeinsam mit anderen komplexe Aufgaben, halten dabei Verabredungen ein und setzen eigene und fremde Standpunkte zueinander in Beziehung (**kooperieren**).

Wird Ihnen deutlich, wie sich einige dieser Forderungen in den Aufgaben 4, 5 und 6 der Variante B des Aufgabenblattes und in den Zahlenmaueraufgaben aus Kapitel 5 widerspiegeln? Zum Beispiel das Entdecken von Auffälligkeiten, das eigene Erfinden von Aufgaben oder das Aufstellen von Vermutungen?

Zur Illustration geben wir ein zweites Beispiel (siehe S. 63). Maximilian und Felix haben sich in Partnerarbeit mit der ‚Reihenfolgezahlen-Aufgabe' auseinander gesetzt, die Sie ebenfalls aus dem vorangehenden Kapitel kennen. Die beiden Viertklässler suchten Aufgaben, deren Ergebnis nicht größer sein sollte als 25. Die linke Hälfte der Abbildung dokumentiert die Möglichkeiten, die sie fanden. Um jedoch prüfen zu können, ob sie alle Möglichkeiten gefunden hatten, schrieben sie die Gleichungen in der rechten Hälfte nochmals geordnet ab. Man erkennt deutlich ihr Ordnungsschema, die Anzahl der Summanden fest zu lassen und deren Größe zu verändern.

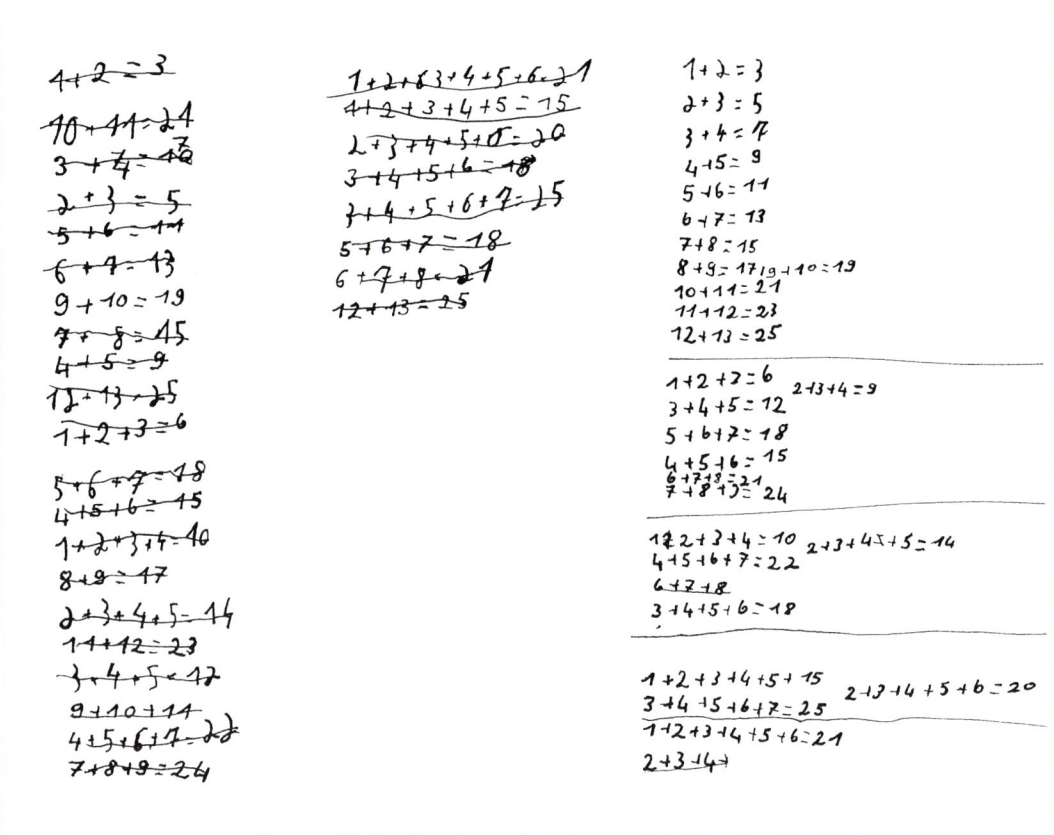

Maximilian und Felix haben bei ihrer Aufgabenbearbeitung u.a.

→ **entdeckt**, dass aus der Aufgabe 1 + 2 + 3 durch Anhängen eines weiteren Summanden eine neue Aufgabe erzeugt werden kann (1 + 2 + 3 + 4);

→ **begründet**, warum es keine weiteren Aufgaben mit zwei Summanden geben kann, als sie ihr Vorgehen mündlich erläuterten („Wir haben alle Zweiersummen geordnet. Kleiner oder größer darf man die Zahlen nicht wählen.");

→ **dargestellt**, wie sie die Gesamtaufgabe gelöst haben, nämlich durch systematische Variation von Summen mit gleicher Anzahl der Summanden, sowie

→ **kooperiert**, indem sie ihre teilweise unterschiedlichen Vorgehensweisen bzw. individuell gefundenen Aufgaben ausgetauscht und aufeinander abgestimmt haben.

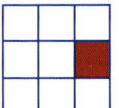

BEISPIEL

Elternschule

Elternabend in der Klasse 7. Wie ihre Kinder sitzen die Eltern in Reih' und Glied vor der Tafel. Der Klassenlehrer gibt einen Überblick über die Unterrichtsinhalte der einzelnen Fächer. Eigentlich fasst er sich relativ kurz. Lediglich bei seinem eigenen Fach, der Mathematik, holt er etwas aus: „Im 7. Schuljahr geht es zunächst um das Thema Zuordnungen", beginnt er engagiert seinen Vortrag. Einige Eltern, die seinen Ausführungen bis dahin eher teilnahmslos gefolgt waren, zucken bei dem Wort ‚Zuordnung' zusammen. Der Lehrer skizziert an der Tafel ein Koordinatensystem mit x- und y-Achse, leitet dann über zu proportionalen und zu umgekehrt proportionalen Zuordnungen und verdeutlicht seine Ausführungen durch Zeichnungen und Formeln.

Die entspannte Stimmung, die noch vor wenigen Minuten herrschte, ist wie weggeblasen. Man spürt den Stress und die unguten Gefühle, die die freundlich gemeinten Worte des begeistert vortragenden Mathematiklehrers bei vielen Eltern hervorrufen. Der Lehrer sucht förmlich nach Personen, die ihm folgen können. Die meisten Eltern schauen jedoch möglichst unauffällig weg; manche bekommen einen roten Kopf, wenn der Lehrer in ihre Richtung schaut.

Nach fünf Minuten ist er fertig: „Haben Sie hierzu noch Fragen?" Die Erleichterung ist spürbar, als keiner eine Anmerkung macht und man endlich zur Planung der Klassenfahrt übergehen kann. Stilles Getuschel: „Gott sei Dank, dass das vorbei ist. Ich hab schon gedacht, dass ich dran komme! Das hab ich früher schon nicht verstanden, was das mit x und y soll." – „Ich auch nicht! Gut, dass wir nur noch zum Elternabend in die Schule müssen."

Natürlich haben Maximilian und Felix auch viel gerechnet. Ihre Kenntnisse und ihre Rechenfertigkeiten wurden also ebenfalls geübt. Und auch für ihre Einstellungen zur Mathematik könnte etwas dabei herausgekommen sein. Denn es gilt: Wer Kindern – wie hier Maximilian und Felix – etwas zutraut, trägt dazu bei, dass diese sich auch selbst etwas zutrauen. Hierzu mehr im folgenden Abschnitt.

Positive Einstellungen zur Mathematik

Mathematik ist wichtig und zumindest bis zu einem gewissen Niveau unverzichtbar – darüber gibt es wenig Zweifel. Mathematik ist aber auch häufig Angst beladen und gilt als unverstehbar – zumindest ab einem gewissen Niveau. Viele Erwachsene kokettieren mit der Selbsteinschätzung: „In Mathe war ich immer schlecht!". Und im Volksmund heißt es bekanntlich: „Besser eine 5 in Mathe als gar keine persönliche Note!" Dieses gestörte Verhältnis zur Mathematik wird auch in der nebenstehenden Episode deutlich.

Wer sich wenig zutraut, vertraut eher auf Mechanismen als auf eigenes Denken und wird so immer abhängiger vom Denken anderer. Die mathematische Hilflosigkeit wächst und wächst. Das führt dazu, dass immer weniger Erfolgserlebnisse zu verzeichnen sind. Das Zutrauen in die eigenen Lernmöglichkeiten wird dadurch immer geringer. Ein *Teufelskreis Versagen in Mathematik – Angst vor Mathematik* kann so entstehen.

Neben diesem individuellen gibt es auch noch einen sozialen Kreislauf. Nehmen Erwachsene wahr, dass Kinder sich wenig zutrauen, geben sie ihnen häufig zu leichte Aufgaben und zu viel Unterstützung. Eigenständige Entwicklungen des Kindes werden so erschwert. Das bedeutet, dass die Leistungen schwächer werden, was zu einem weiteren Absinken der Erwartungen und damit auch der Aufgabenschwierigkeiten führt. Die Konsequenzen liegen auf der Hand. Wünschenswert ist im Gegensatz hierzu eine Förderung in Elternhaus und Schule, der die Kinder stärkt, sodass sie schließlich am Ende des 4. Schuljahrs über folgende Einstellungen verfügen:

- → Die Kinder besitzen Zutrauen in die eigenen Lernmöglichkeiten.
- → Sie sind an herausfordernden Aufgabenstellungen interessiert.
- → Sie geben bei Schwierigkeiten nicht sofort auf.
- → Sie verstehen Fehler und Schwierigkeiten als natürliche Bestandteile des Lernprozesses.
- → Sie sehen das Gelernte als relevant für die Lösung von Problemen mit und ohne Wirklichkeitsbezug an.

Wir hoffen, dass deutlich werden konnte, welche Bedeutung die Ziele im Bereich der Fähigkeiten und der Einstellungen haben. Um aber nicht missverstanden zu werden: Wir sehen die anderen Ziele des Unterrichts keineswegs als weniger wichtig an. Daher geben wir Ihnen im Folgenden einen Überblick, über welche Kenntnisse und Fertigkeiten die Kinder am Ende der Grundschulzeit verfügen sollen. Unsere Darstellung erfolgt entlang der drei Inhaltsbereiche der Grundschulmathematik: Arithmetik (Rechnen), Geometrie und Sachrechnen.

Arithmetik in der Grundschule

Das Lernen und Üben des Rechnens macht den größten Teil des Mathematikunterrichts in der Grundschule aus. Denn obwohl es Taschenrechner und Scanner-Kassen gibt, ist es nach wie vor wichtig, auch ohne diese Hilfsmittel rechnen zu können. Gleichwohl hat sich in den letzten Jahrzehnten die Schwerpunktsetzung gewandelt.

Lange Zeit bestand das vorrangige Ziel darin, die Aufgaben des kleinen Einspluseins (z.B. $4+8$) und des kleinen Einmaleins (z.B. $7 \cdot 5$) möglichst schnell und fehlerfrei aufsagen sowie die schriftlichen Rechenverfahren (z.B. die schriftliche Addition, s.u.) geläufig und sicher ausführen zu können. Letztere bildeten gewissermaßen die Krönung des Mathematikunterrichts in der Grundschule.

In neueren Konzeptionen bleiben die schriftlichen Normalverfahren nach wie vor ein bedeutsamer Unterrichtsinhalt. Jedoch ist ihr Stellenwert geringer worden. Sie sind nicht länger das Zentrum des Rechenunterrichts, sondern eine – allerdings wichtige – Methode neben dem Kopfrechnen und dem halbschriftlichen Rechnen.

Kopfrechnen und halbschriftliches Rechnen haben unter anderem aus folgenden Gründen an Bedeutung gewonnen:
- → Die Zahl der Verwendungssituationen der schriftlichen Rechenverfahren ist drastisch zurückgegangen. Dort wo früher außerhalb der Schule schriftlich gerechnet wurde, kommen heute fast nur noch Maschinen zum Einsatz.

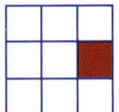

Kopfrechnen	halbschriftliches Rechnen	schriftliches Rechnen

Alle Schritte zur Lösung einer Aufgabe erfolgen im Kopf, d.h. unter Verzicht auf jegliche Notation.
 	
369 + 249 =
370 + 250 – 2
	Bei der Rechnung werden notwendige Zwischenschritte oder Teilergebnisse notiert, z. B.
	
	369 + 249 = 500 + 100 + 18 = 618
	300 + 200
	60 + 40
	9 + 9
		Die Ergebnisse werden nach festgelegten Regeln (Algorithmen) ziffernweise ermittelt, z.B.
		
		  369
		+ 249
		  _{1 1}
		  618

→ Unser Leben ist wie nie zuvor von Zahlen beherrscht. In vielen Alltagssituationen ist es nicht zweckmäßig oder nicht machbar, ein genaues Ergebnis zu erhalten. Hier werden Vorgehensweisen des geschickten Rundens oder des geeigneten Schätzens von Zahlwerten benutzt, um überschlagend zu rechnen.

→ Eine Reihe von Untersuchungen belegt, dass Kinder und Erwachsene – vor allem im Alltag – Aufgaben häufig auf eigenen Wegen lösen und dabei nicht das in der Schule erlernte Normalverfahren heranziehen.

→ Mathematik wird vielfach als Ansammlung von unverstehbaren, geheimnisvollen Regeln gesehen (vgl. Kap. 5). Das kann auch durch eine starke Ausrichtung auf die schriftlichen Rechenverfahren mit verursacht werden, da diese die Vielfalt, die Eigenständigkeit und die Flexibilität des Denkens auf das Ausführen vorgeschriebener Schritte reduzieren können.

Was sollen die Kinder nun bis zum Ende des 4. Schuljahres lernen?

Wir fassen die zentralen Ziele in sieben Punkten zusammen:

→ **Die Kinder besitzen gesicherte Vorstellungen von Zahlen und Zahlbeziehungen im Zahlraum bis zu 1000000.**

Zahlen begegnen uns überwiegend gesprochen („*zweiundvierzig*") oder geschrieben (42) – also in symbolischer Form. Doch sie nützen nichts, wenn Kinder keine konkreten Vorstellungen von ihnen haben. Daher sollen Kinder Bilder von Zahlen im Kopf haben. Hilfreich sind hier rechteckige oder lineare Darstellungen, wie etwa der Rechenrahmen oder die Rechenkette.

Wichtig ist auch, den Aufbau unseres Zehnersystems – insbesondere die bei größeren Zahlen immer wiederkehrende Struktur des Zahlenraums bis 1000 – zu verstehen und zu nutzen (Idee der Bündelung und der Stellenwertschreibweise). Auch sollten Beziehungen zwischen Zahlen hergestellt werden können, z.B. Nachbarzahlen (23 und 25 als Nachbar-Einer bzw. 20 und 30 als Nachbar-

Rechenkette

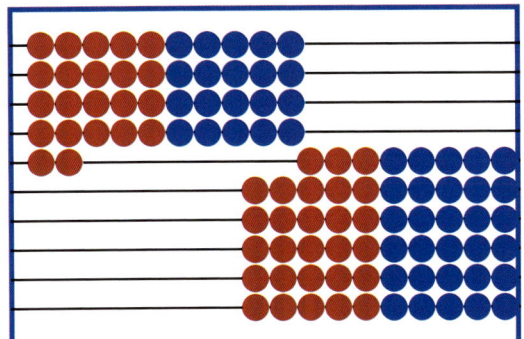
Rechenrahmen

→ **Die Kinder rechnen unter Verwendung von Rechenstrategien sicher mündlich bzw. halbschriftlich.**

Beim Kopfrechnen und beim halbschriftlichen Rechnen kommen verschiedene Rechenstrategien ins Spiel, die wir hier nicht im Einzelnen aufführen. Zur Verdeutlichung dessen, was wir meinen, haben wir zu je einer Aufgabe der vier Grundrechenarten zwei mögliche Lösungswege notiert.

Zehner von 24), das Doppelte (24 ist das Doppelte von 12); die Hälfte (24 ist die Hälfte von 48), usw. Unverzichtbar ist außerdem Wissen darüber, in welchen Beziehungen eine bestimmte Zahl zu anderen Zahlen steht: 250000 Einwohner – das sind z. B. 10000 Schulklassen mit jeweils 25 Kindern.

→ **Die Kinder verfügen über Sicherheit im schnellen Kopfrechnen, im Besonderen haben sie die Aufgaben des kleinen 1 + 1 und des kleinen 1 x 1 gedächtnismäßig verfügbar.**

Sie verfügen über einen Grundbestand an gedächtnismäßig abgespeichertem Wissen; sie können also zum Beispiel fehlerlos (in Schritten) zählen (1, 2, 3, usw. bzw. 2, 4, 6, usw.) oder die Aufgaben des Einspluseins (4 + 6 = 10) bzw. des Einmaleins (4 · 6 = 24) sicher beherrschen. Hierzu gehören auch – das wird häufig vergessen – Aufgaben wie 56 : 8 oder 18 – 9, also die Aufgaben des kleinen Einsdurcheins und Einsminuseins. Auch sollen sie im Kopf Ergebnisse von Aufgaben wie 7 · 80 oder 5200 + 1300 schnell ermitteln können.

Aufgabe	Beispiele für Lösungsstrategien	
347 + 256	350 + 250 = 600; 600 − 3 + 6 = 603	340 + 250 = 590; 7 + 6 = 13; 590 + 13 = 603
265 − 127	265 − 100 = 165; 165 − 20 = 145; 145 − 7 = 138	127 plus 73 sind 200; plus 60 sind 133; plus 5 sind 138
13 · 16	10 · 16 = 160; 3 · 16 = 48; 160 + 48 = 208; 205 + 3 = 208	13 · 10 = 130; 13 · 5 = 65 (Hälfte von 130); 130 + 65 + 13 = 195 + 10 + 3 =
956 : 4	800 : 4 = 200; 120 : 4 = 30; 36 : 4 = 9; 200 + 30 + 9 = 239	(1000 − 44) : 4; 1000 : 4 = 250; 44 : 4 = 11; 250 − 11 = 239

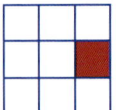

→ **Die Kinder verstehen die Normalverfahren der schriftlichen Addition, Subtraktion und Multiplikation und führen sie geläufig aus; sie verstehen das Normalverfahren der schriftlichen Division.**
Auf den Stellenwert der Normalverfahren sind wir schon eingegangen. Hier nur noch das Folgende: Unseres Erachtens sollte die schriftliche Division nicht bereits am Ende der Grundschulzeit von *allen* Kindern geläufig beherrscht werden müssen. Diese Forderung entspricht zwar nicht vollkommen allen derzeit geltenden Lehrplänen, ist aber nach unserem Dafürhalten eine für die nahe Zukunft sinnvolle Veränderung. Geläufigkeit im schriftlichen Dividieren kann auch noch im 5. Schuljahr erlangt werden. So würde in der Grundschule kostbare Zeit für das Verfolgen anderer wichtiger Ziele gewonnen, z. B. für das mündliche und das halbschriftliche Rechnen oder Ziele im Bereich der Fähigkeiten und Einstellungen.

→ **Die Kinder runden Zahlen und schätzen Ergebnisse problemangemessen und rechnen mit gerundeten bzw. geschätzten Zahlen überschlagend.**
Viele Zahlen, die uns im Alltag begegnen, sind gerundet, weil es keinen Sinn macht, exakte Zahlenangaben zu verwenden. Sie lassen sich oft gar nicht genau feststellen oder eine bestimmte Größenordnung reicht für den Informationsbedarf völlig aus. Einwohnerzahlen von Ländern werden in Millionen angegeben, Einwohnerzahlen von nicht zu großen Städten in der Regel in Tausend – ebenso wie die Kapazität von Fußballstadien.

Rundet man exakte Zahlenangaben und rechnet mit den gerundeten Zahlen, spricht man von Überschlagsrechnen. So kann man z.B. sofort erkennen, dass die Rechnung 391 + 172 = 463 falsch sein muss. Oder man kann herausfinden, wie viele Kilometer pro Tag ein Radfahrer ungefähr fahren muss, der eine 1189 km lange Strecke innerhalb von 15 Tagen zurücklegen will.

→ **Die Kinder wählen Rechenwege aufgabenbezogen, aber auch abhängig von eigenen Präferenzen aus, hierbei setzen sie ab Klasse 4 auch den Taschenrechner reflektiert ein.**
Aufgabenbezogen meint, dass zum Beispiel bei der Aufgabe 701 – 698 weder schriftliches Rechnen noch Rechnen mit dem Taschenrechner sinnvoll ist. Diese Aufgabe kann man bequem im Kopf lösen. Rechenwege aufgabenbezogen auszuwählen, bedeutet aber nicht nur, sich zwischen Kopfrechnen, halbschriftlichem Rechnen und schriftlichem Rechnen zu entscheiden, sondern auch eine angemessene Strategie des Kopfrechnens bzw. des halbschriftlichen Rechnens zu verwenden (also 698 + ? = 701, und nicht 700 – 600; 0 – 90; 1 – 8).

Der Einsatz des Taschenrechners ist dann sinnvoll, wenn es zum Beispiel darum geht, in angemessener Zeit die in folgenden Meldungen enthaltenen Zahlenangaben weiter zu verarbeiten: „Jeder Bundesbürger isst pro Jahr im Durchschnitt 40 kg Äpfel, das ist etwa ein Apfel täglich." – „Nach einer Bauzeit von drei Jahren war der längste Eisenbahntunnel der Bundesrepublik Deutschland, der 10780 Meter lange Landrückentunnel, fertig gestellt. 340 Tage im Jahr, 24 Stunden am Tag wurde an ihm gearbeitet."

→ **Die Kinder kennen wichtige mathematische Zeichen, Fachbegriffe, Notationsformen und verwenden diese sachgerecht.**

Last, but not least: Zur Verständigung mit anderen sind Zeichen, Fachbegriffe und Notationsformen unverzichtbar, auf die man sich geeinigt hat. Dazu gehören unter anderem die Symbole für Zahlen und Rechenoperationen oder Worte wie addieren, subtrahieren, multiplizieren, dividieren, Summe, Differenz, Produkt, Quotient. Werden sie jedoch zu früh von den Kindern verlangt, können sie Schaden anrichten (vgl. Kap. 3).

Kinder, die alle oben genannten Ziele erreicht haben, besitzen gute Voraussetzungen, um viele rechnerische Anforderungen des Alltags mit Sinn und Verstand zu bewältigen – anders als es das Beispiel vom überforderten Verkäufer beschreibt.

Geometrie in der Grundschule

Dass Kinder in der Grundschule rechnen lernen, weiß jeder. Aber Geometrie? Erinnern Sie sich daran, dass Sie in der Grundschule Geometrie gelernt haben? Wenn ja, dann aber mit Sicherheit nicht die Geometrie, an die man auch denken kann: Satz des Pythagoras und Satz des Thales oder Flächen- und Volumenberechnungen.

Wörtlich übersetzt heißt ‚Geometrie' zwar ‚Erdmesskunst', doch es gehört weit mehr dazu. Und Geometrie fängt auch schon viel früher an: Ein Kind, das beim Bauen mit Bauklötzen auf Symmetrie achtet, damit das Gebilde ‚schön aussieht', oder ein Kind, das bewusst quer über eine Wiese läuft,

BEISPIEL

Zu viel!

Unser Videorekorder war defekt. Der junge Mann im Fachgeschäft erklärt mir kurz, welcher Schaden vorliegt. Dann eröffnet er mir, dass sich die Reparaturkosten auf 57,18 € belaufen. Ich lege 62,18 € auf den Tresen und freue mich, dass ich mein Portmonee um etwas Kleingeld erleichtern kann. Im Supermarkt ernte ich für so etwas meistens böse Blicke, weil ich den Betrieb aufhalte.

Der Verkäufer starrt auf das Geld, das ich hingelegt habe. Vielleicht habe ich einen Cent oder einen Euro vergessen. Ich zähle noch einmal nach. Nein, alles ist korrekt: ein Fünfziger, ein Zehner, zwei Euro-Münzen, drei Fünf-Cent-Münzen und drei Ein-Cent-Münzen.

Der Verkäufer zögert immer noch. Er schaut mich mit einer Mischung aus Ratlosigkeit und Verwunderung an, als hätte ich ihm ausländisches Geld hingelegt und er müsse es nun mühsam in die hiesige Währung umrechnen. Schließlich nimmt er entschlossen die 60 € in Scheinen und zeigt auf das Hartgeld: „Das ist zu viel! Das können Sie schon einstecken!"

„Ja, aber dann können Sie mir doch einen Fünfer wiedergeben!" Jetzt bin ich es, der ein wenig überrascht ist. Nach einiger Zeit nimmt er stirnrunzelnd das restliche Geld, dreht sich etwas von mir weg, schreibt 62,18 € – 57,18 € auf der Rückseite eines Rechnungsblocks untereinander und rechnet die Aufgabe schnell schriftlich aus.

Dann gibt er mir mit einem freundlichen „Bitteschön" erleichtert 5 € zurück.

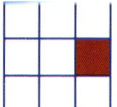

weil das kürzer ist, als außen herum zu gehen, betreibt – wenn auch unbewusst – schon Geometrie. Geometrisches Denken muss also vom 1. Schuljahr an gefördert werden, damit die Vorerfahrungen der Kinder nicht über Jahre hinweg brach liegen.

Was sollen die Kinder nun bis zum Ende des 4. Schuljahres im Bereich der Geometrie lernen? Wie in der Arithmetik fassen wir die Grundgedanken in einigen Punkten zusammen.

→ **Die Kinder kennen und nutzen die wesentlichen Eigenschaften der wichtigen ebenen und räumlichen Grundformen, sie können sie benennen und in der Umwelt identifizieren.**

Bei den ebenen Figuren handelt es sich hauptsächlich um Vierecke mit ihren Sonderformen Rechteck und Quadrat sowie Kreise und Dreiecke und aus diesen zusammengesetzte Figuren. Die räumlichen Grundformen Würfel, Quader und Kugeln werden recht ausführlich behandelt, andere wie Pyramiden und Zylinder eher am Rande thematisiert.

→ **Die Kinder operieren mit Formen, sie kennen und nutzen die Wirkungen spezieller geometrischer Operationen.**

Sie können zielgerichtet einfache ebene und räumliche Formen bewegen, zusammensetzen, zerlegen, auslegen, vergrößern, verkleinern, umbauen. Sie erkennen räumliche Objekte in Abbildungen verschiedenen Typs wieder und konstruieren sie. Sie können Grundrisse und Stadtpläne lesen. Sie können geometrische Muster nachlegen, zeichnen, untersuchen, erfinden, unterscheiden, fortsetzen. Sie erzeugen geometrische Objekte systematisch und untersuchen diese. Nachstehend ein Beispiel dazu.

ZUM AUSPROBIEREN

Quadratfünflinge

Quadratfünflinge sind Figuren, die man durch Aneinanderlegen von fünf Quadraten erzeugen kann. Die Quadrate müssen jeweils mit einer ganzen Seite (also nicht versetzt) aneinander zu liegen kommen. Zueinander spiegelbildliche Fünflinge werden als gleich betrachtet. Wie viele verschiedene Quadratfünflinge gibt es?

Diese Aufgabe kann nicht nur zu den o.a. geometriespezifischen Zielen beitragen, sondern sie bietet auch Gelegenheiten, zu entdecken, darzustellen, zu begründen und zusammenzuarbeiten.

Probieren Sie es doch selbst einmal, z.B. mit quadratischen Bierdeckeln oder nur mit Bleistift und Papier. Alle Quadratvierlinge, die es gibt, sehen Sie hier. Zur Kontrolle finden Sie alle Quadratfünflinge in den Anmerkungen.[1]

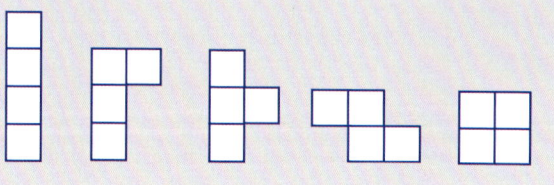

→ **Die Kinder verfügen über räumliches Vorstellungsvermögen.**

Räumliches Vorstellungsvermögen setzt sich aus mehreren Teilfähigkeiten zusammen. Wir verzichten auf eine Definition und geben ein Beispiel für eine grundschulgerechte Aufgabenstellung,

ZUM AUSPROBIEREN

Würfel kippen

Ein Würfel liegt wie abgebildet auf dem Tisch. Er wird zweimal nach rechts, einmal nach oben, dann noch einmal nach rechts gekippt. Welche Augenzahl ist dann oben zu sehen?

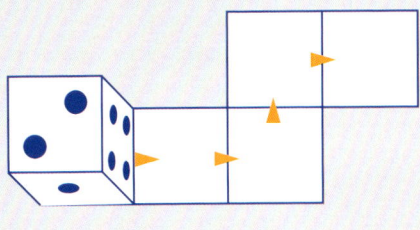

die das räumliche Vorstellungsvermögen beansprucht und fördert. Probieren Sie es selbst zunächst im Kopf aus! Bedenken Sie dabei, dass die Summe der Zahlen auf zwei einander gegenüberliegenden Seiten eines Wüfels stets 7 beträgt. Anschließend können Sie Ihre Lösungen mit einem Würfel in der Hand überprüfen.

→ **Die Kinder besitzen Grunderfahrungen zu geometrischen Grundideen wie Symmetrie, Flächeninhalt, Umfang oder Parallelität.**

An einem Beispiel zum Thema Symmetrie lässt sich verdeutlichen, welche Möglichkeiten es gibt, Kindern reichhaltige inhaltliche Vorerfahrungen zur Symmetrie zu ermöglichen und sie gleichzeitig im Hinblick auf die genannten allgemeinen Fähigkeiten und Einstellungen zu fördern. Betrachten Sie hierzu das Aufgabenbeispiel auf der folgenden Seite und gönnen Sie sich selbst den Spaß, es zu bearbeiten.[2]

Bei der Bearbeitung dieser Aufgabe können die Kinder zum Beispiel …

→ **entdecken**, dass das Spiegelbild an seinem Platz bleibt, wenn man den Spiegel entlang der Spiegelachse verschiebt. Sie können herausfinden, dass es seinen Abstand zur Spiegelkante ändert, wenn man den Spiegel senkrecht zur Spiegelachse verschiebt. Schließlich können sie entdecken, dass die Zielfiguren aus zwei spiegelgleichen Teilen bestehen müssen[3]

→ auf verschiedene Art und Weise **begründen**, warum die Figur Nr. 2 nicht erspiegelt werden kann

→ **kooperieren**, indem sie gegenseitig darüber berichten, was sie entdeckt haben, und ggf. einander unterstützen.

Aus Platzgründen müssen wir auf weitere Beispiele zu anderen Grundideen verzichten. So kommen wir abschließend zu einem fünften wichtigen Lernziel des Geometrieunterrichts in der Grundschule.

→ **Die Kinder besitzen geometrische Grundfertigkeiten, wie z. B. Zeichnen, Falten, Messen oder Bauen**.

Im Bereich Zeichnen gehört hierzu sicherlich der Gebrauch von Lineal, Geodreieck und Zirkel (vgl. S. 73). Aber nicht nur das Zeichnen mit Hilfsmitteln, sondern auch das sog. Freihandzeichnen soll geübt werden. Auch bezüglich des Faltens (sauber), Messens (genau) oder Bauens (stabil) erwerben die Kinder Grundfertigkeiten.

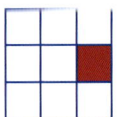

Mäuse spiegeln

Nimm einen kleinen Handspiegel und stelle ihn mit einer Kante auf das Bild der Maus rechts. Drehe und schiebe den Spiegel. So kannst du viele verschiedene Bilder erzeugen.

Nun schau dir die Bilder unten an und versuche auch diese Bilder zu erzeugen. Eins davon geht nicht. Findest du heraus, welches es ist? Kannst du sagen, warum es nicht gehen kann? Wie erzeugst du die anderen Bilder?

1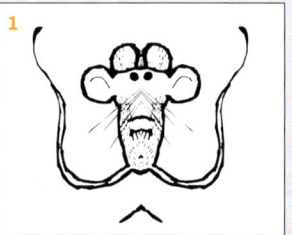

2

3

4

5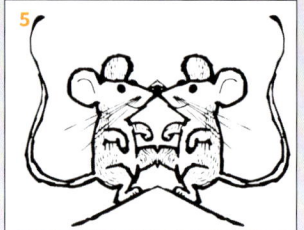

6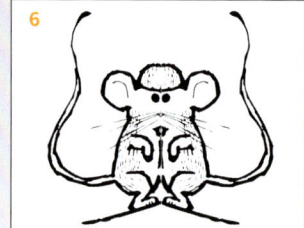

7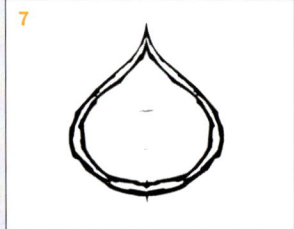

8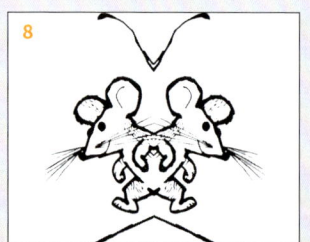

9

Geometrische Bilder

Vielleicht haben Sie selbst Lust, schöne geometrische Bilder zu erzeugen.
Die beiden Bildfolgen[3] zeigen Ihnen, wie sie zu der jeweiligen Zielfigur gelangen.
Genaues Zeichnen ist hier unverzichtbar.

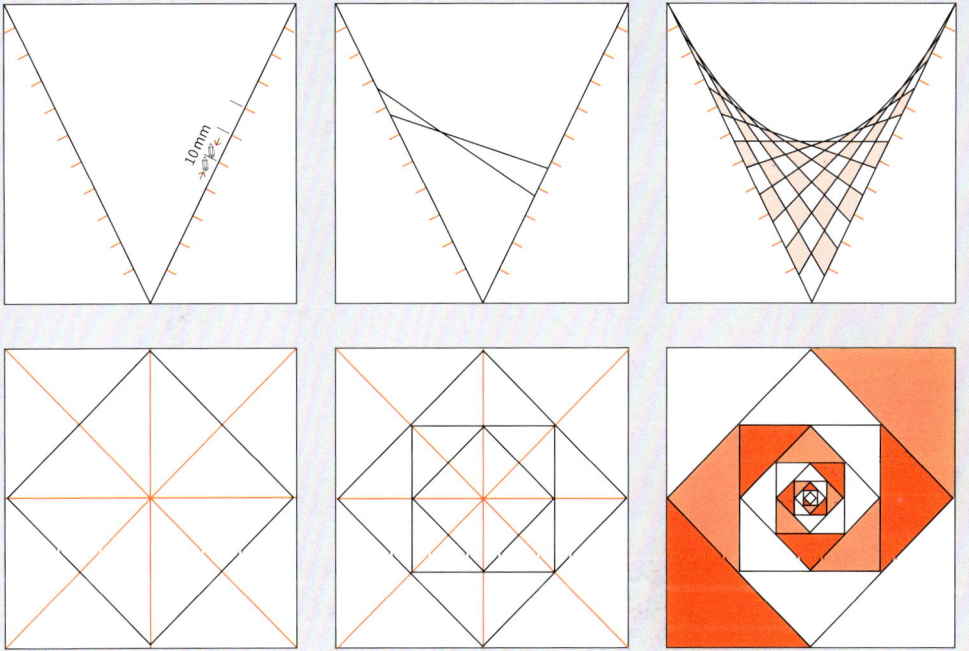

Tipps für Spiele zur Entwicklung und Förderung geometrischer Kompetenzen

Mirakel, PotzKlotz, Spiegel-Tangram, Spiegel-Tangram 2.0, Umspannwerk (alle erschienen bei Klett Kallmeyer)

Sachrechnen in der Grundschule

Sachrechnen gilt als Oberbegriff für die Auseinandersetzung mit Aufgaben, die einen Bezug zur Wirklichkeit aufweisen. Ziel des Sachrechnens ist es, die Erfahrungswelt der Kinder zu erhellen, zu diskutieren, zu strukturieren und mit mathematischen Mitteln zu analysieren. Sachrechnen darf sich daher keineswegs auf die Abarbeitung von Textaufgaben des Typs reduzieren, für den wir einige Beispiele zusammengestellt haben.[4]

> → Eine Holzleiste ist 1,20 m lang.
>   Peter braucht für seinen Drachen eine 95 cm lange Leiste.
>   Wie viel bleibt übrig?
>
> → Auf der Waage liegen 7 Würstchen.
>   Jedes wiegt 95 g.
>   Wie viel wiegen sie zusammen?
>
> → Zum Geburtstag hat die Mutter sechs Liter Kakao gekocht.
>   Jedes Kind bekommt einen 1/2-Liter-Becher.
>   Wie viele Kinder sind es?

Rechenfälle des Alltags begegnen uns nie in der Form von Textaufgaben und schon gar nicht in Form von solchen Texten, bei denen der gesunde Menschenverstand ausgeschaltet werden muss. Was, so kann man beispielsweise fragen, hat Peter von der Information, dass ein 25 cm langes Stück übrig bleibt? Wozu liegen die Würstchen auf einer Waage, wenn ihr Gesamtgewicht doch durch Multiplikation bestimmt werden muss? Wer hat schon 1/2-l-Becher, trinken alle Kinder so viel und wer wäre so einfältig, aus der Gesamtmenge des Kakaos und der Menge, die jedes Kind erhält, deren Anzahl zu ermitteln?

Sachrechnen im Alltag heißt also nicht ‚Lösen von Textaufgaben', sondern Auseinandersetzung mit kleineren oder größeren Problemstellungen, häufig im Zusammenhang mit den so genannten Größen:

→ Wir ermitteln die Breite einer Wand, um festzustellen, ob das Sofa dorthin passt (**Messen von Längen**).

→ Wir vergleichen Preise (**Differenzen von Geldwerten**).

→ Wir rechnen die Mengen in einem Rezept für 4 Personen auf die passenden Mengen für 2 Personen um (**Rechnen mit Gewichtsangaben**).

→ Wir rechnen aus, wann wir das Haus verlassen müssen, wenn wir 90 Minuten vor Abflug am Flughafen sein müssen (**Rechnen mit Zeitspannen und Zeitpunkten**).

In diesen Beispielen kommen alle Größen vor, die im Mathematikunterricht der Grundschule eine wichtige Rolle spielen: Längen, Geldwerte, Zeitspannen und Gewichte. Außerdem werden noch Bereiche wie Rauminhalte oder Flächeninhalte behandelt. Wie in der Arithmetik reicht es nicht aus, lediglich rechnerische Operationen durchführen zu können. Es ist von besonderer Bedeutung, dass sich solide Grundvorstellungen ausbilden können. Das folgende Beispiel unterstreicht die Notwendigkeit.

> Wir haben einmal Kinder eines 4. Schuljahres gebeten, auf einem Zettel zu notieren, wie groß ihre Lehrerin sei. Als wir die Zettel einsammelten, fanden sich viele unterschiedliche Antworten: Von 40 cm bis 4,63 m reichten die Angaben. Was die Kinder aber wie die Feuerwehr konnten, war km in m oder m in cm umrechnen.

Wenn so etwas passiert, ist etwas schief gelaufen. Was nützt uns das ganze Rechnen mit Maßeinheiten, wenn man mit den Ergebnissen keine passenden Größenvorstellungen verbinden kann? Jeder Viertklässler sollte beispielsweise beim Blick auf eine Anzeige für einen Mini-Scooter, in der dessen Gewicht mit 28,5 kg angegeben ist, erkennen können, dass hier der Fehlerteufel am Werke war. Er sollte wissen, dass ein normales Erwachsenenfahrrad ungefähr 15 kg wiegt oder dass er einen ca. 30 kg schweren Gegenstand nicht mit einer Hand hoch heben kann, ein Mini-Scooter also nicht 28,5 kg, sondern vermutlich 2,85 kg wiegen dürfte.

Was sollen Kinder nun am Ende des 4. Schuljahres im Bereich Sachrechnen wissen und können?

→ **Die Kinder verfügen über sachrechnerisches Grundwissen vor allem in den Bereichen Geld, Längen, Zeit und Gewicht. Sie verfügen über sachrechnerische Grundfertigkeiten.**

Sie kennen die Namen und wichtige Abkürzungen der Einheiten der verschiedenen Größen: Cent, Euro (Geld); Millimeter, Zentimeter, Meter, Kilometer (Längen); Sekunde, Minute, Stunde, Tag, Woche, Monat, Jahr (Zeitspannen); Gramm, Kilogramm, Tonne (Gewichte). Auch Rauminhalte mit den Einheiten Milliliter und Liter werden behandelt. Die Kinder wissen um die Beziehungen zwischen den Einheiten (Umwandlungen), und sie kennen und nutzen die Kommaschreibweise für Geld und Längen.

Weiterhin kennen sie wichtige Messinstrumente (Lineal, Zollstock; verschiedene Waagen; verschiedene Uhren; Messbecher) und sind in der Lage, mit ihnen sachgerecht umzugehen. Schließlich beherrschen sie auch in diesen Bereichen die vier Grundrechenarten. Ein Beispiel für eine etwas komplexere Aufgabenstellung, die nicht so lebensfern ist wie die oben wiedergegebenen Textaufgaben, könnte etwa lauten: Tim will in diesem Jahr mit seinen Eltern in den Urlaub fliegen. Die Fahrt zum Flughafen dauert 2 Stunden und 15 Minuten. Man muss immer 90 Minuten vor Abflug des Flugzeuges am Flughafen sein. Das Flugzeug soll um 15.15 Uhr abfliegen. Wann müssen Tim und seine Eltern von zu Hause losfahren?

→ **Die Kinder besitzen grundlegende Größenvorstellungen, insbesondere kennen sie Repräsentanten für Standardgrößen aus der Umwelt und können diese zur Lösung von Sachproblemen heranziehen.**

Die Kinder kennen und nutzen wichtige Stützpunktvorstellungen (vgl. Abbildung auf Seite 76[5]) und können so zu realistischen Schätzungen kommen – zum Beispiel bezüglich der Größe einer Person oder des Gewichtes eines Mini-Scooters.

Anzahlen

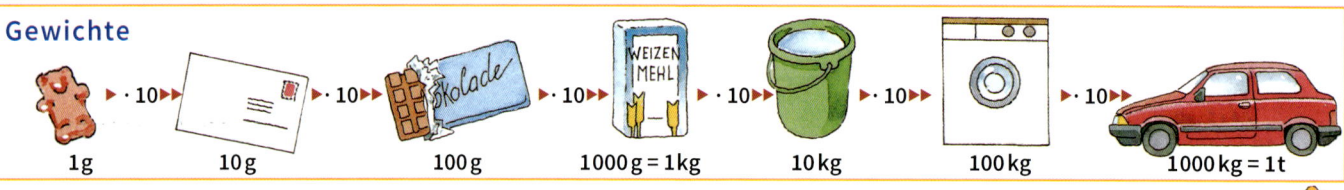

Gewichte

Rauminhalte

Längen

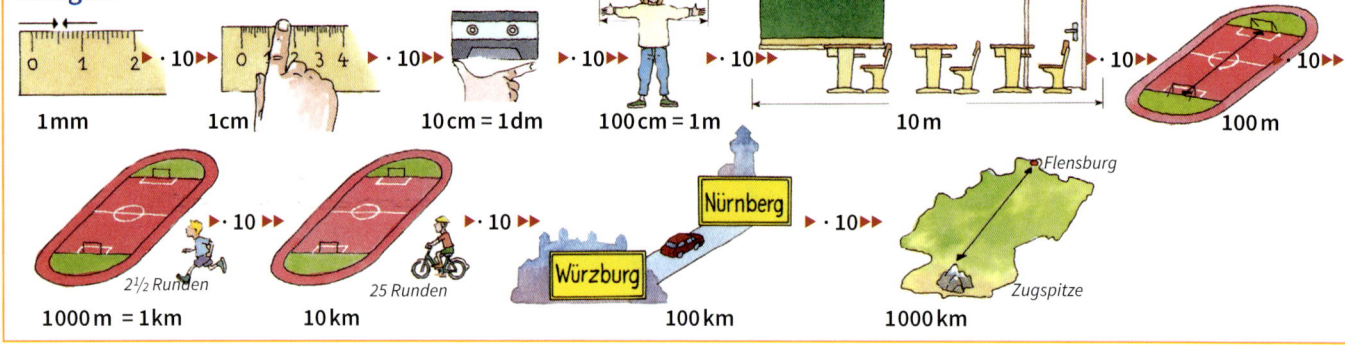

→ **Die Kinder können Sachaufgaben in verschiedenen Darstellungsweisen und Sachsituationen erschließen, selbstständig bearbeiten und analysieren.**

Die Kinder können Sachprobleme gemäß vorgegebener bzw. selbst formulierter Aufgabenstellungen bearbeiten und analysieren. Insbesondere können sie ihre Ergebnisse auf Angemessenheit überprüfen. Dass es bei solchen Aufgaben nicht nur darum geht, Lösungen zu ermitteln, sondern dass sachrechnerisches Wissen auch auf ganz andere Art und Weise beansprucht und gefördert werden kann, zeigt nachfolgende Aufgabe. Hier müssen aus einem Zeitungsartikel entfernte,

ZUM AUSPROBIEREN

Brief war lange unterwegs

Mehr als _____ Jahre brauchte ein am _____ April _____ aufgegebener Brief, um von Kassel in das rund _____ Kilometer entfernte Illereichen (Bayern) zu gelangen. Wie der Empfänger, der den Brief im Dezember _____ erhielt, mitteilte, entsprach dies bei rund _____ Monaten Laufzeit einer Geschwindigkeit von etwa _____ Kilometern pro Monat, was eine Stundengeschwindigkeit von _____ Metern ausmache, der Leistung einer gut dressierten Schnecke nicht unähnlich.

dreieinhalb   1984   elfeinhalb   16   29.   500   1981   43

darunter notierte Zahlen an der richtigen Stelle platziert werden. Solche Aufgaben werden u. a. eingesetzt, damit die Schülerinnen und Schüler lernen, Zahlenangaben in Zeitungsmeldungen kritisch zu hinterfragen.

Link: primakom.dzlm.de
Buchtipp: Selter, Ch. & Zannetin, E. (2018). Mathematik unterrichten in der Grundschule. Hannover: Kallmeyer; Selter, Ch. (2017). Guter Mathematikunterricht. Berlin: Cornelsen.

DAS WICHTIGSTE KOMPAKT

→ Ein wichtiges Ziel des Unterrichts ist es, dass Kinder am Ende der Grundschulzeit über einen unverzichtbaren Grundstock an Kenntnissen (z. B. Einmaleins) und Fertigkeiten (z. B. mit Hilfsmitteln zeichnen können) verfügen.

→ Doch darauf kann der Unterricht sich nicht beschränken. Ebenso wichtig ist die Weiterentwicklung von Fähigkeiten, wie kreativ zu sein, zu begründen oder die eigenen Gedanken darzustellen.

→ Schließlich besteht das dritte Hauptziel des Unterrichts darin, dass die Schülerinnen und Schüler eine positive Einstellung zur Mathematik aufbauen können.

KAPITEL 7

Warum unterstützen wichtiger ist als auslesen

> Alles pädagogische Geschehen in der Grundschule steht unter dem Anspruch der Förderung des Kindes und seiner Bildung. Die Formen der Lernerfolgsfeststellung und Lernerfolgsrückmeldung dürfen nicht in Widerspruch hierzu geraten. Erfolgszuversicht und Könnenserfahrung sind die elementaren Voraussetzungen für die Entfaltung von Bildungsbereitschaft und Lernfreude. Nur ein Kind, das gerne lernt und Freude daran empfindet, seinen Horizont zu erweitern, ist den Anforderungen des Lebens gewachsen.[1]

Leistungsverfall in Deutschland?

Grundgedanken, wie sie in den vorangestellten Ausführungen des Grundschulverbandes zum Ausdruck kommen, sind im Verlauf der letzten Jahre teilweise vehement angegriffen worden. So hat beispielsweise der ehemalige Bundespräsident Herzog vor einigen Jahren den Begriff der sogenannten Kuschelecken-Pädagogik öffentlichkeitswirksam verwendet. Er unterstellte damit zumindest indirekt, in den Grundschulen werde zu wenig zielgerichtet gelernt. Stattdessen gäbe es zu viele von ihm so genannte Kuschelecken, die entgegen seiner Wahrnehmung in den weitaus meisten Fällen – etwa als Leseecken – dem Lernen dienlich gewesen sein dürften. Diese Äußerungen waren und sind Wasser auf die Mühlen derjenigen, die einen dramatischen Leistungsverfall in den Schulen festzustellen glauben und die daher fordern, Schülerinnen und Schüler ‚müssten wieder Leistung zeigen'.

Die Klagen darüber, dass Kinder heute weniger lernen als früher, sind jedoch sehr differenziert zu beurteilen. In einigen Bereichen zeigen sie heute etwas schlechtere Leistungen, etwa im reproduktiven Rechnen oder im Rechtschreiben. Auf anderen Gebieten sind höhere Leistungen zu verzeichnen. So hat das Niveau der allgemeinen kognitiven Fähigkeiten, so wie sie in Intelligenztests gemessen werden, erheblich zugenommen. Eine Leistung, die in den 50er-Jahren Durchschnitt darstellte, wird heute als Sonderschulniveau klassifiziert, das 5 % der Getesteten erreichen.[2]

Auch scheint es normal zu sein, dass eine Generation bei ihrer Nachfolgegeneration einen Leistungsverfall befürchtet. Karl-Heinz Ingenkamp, Experte für Leistungsstudien, hat Urteile von Professoren, Unternehmern und Handwerkskammern in den letzten 200 Jahren ausgewertet und kommt zu dem Schluss[3]:

> Wäre der von Generation zu Generation beklagte Rückgang der Leistungen und Fähigkeiten eine Tatsache, dann dürften … unsere Universitäten heute eigentlich kaum noch das Niveau der Volksschulen von 1930 aufweisen, und die große Zahl der leitenden Wirtschaftsfunktionäre dürfte kaum noch die Fähigkeiten zur Leitung eines mittleren Handwerksbetriebs von 1850 besitzen.

Natürlich will Ingenkamp nicht beschönigen. Aber er streitet für eine realistische, wissenschaftlich abgesicherte Grundlage für Entscheidungen statt subjektiv geprägter Meinungen und Vermutungen. In diesem Zusammenhang sorgten Ende des Jahres 2001 Meldungen über das Abschneiden Deutschlands bei der PISA-Studie für breites Aufsehen in allen Medien.

PISA heißt ‚Program for International Student Assessment' und stellt die bislang umfangreichste Schulleistungsstudie dar.[4] In den Jahren 2000, 2003 und 2006 wurden bzw. werden in 32 Ländern jeweils 4500 bis 10000 15-jährige Schülerinnen und Schüler unter anderem auch in Mathematik getestet. Dabei geht es weniger um Faktenwissen als um die Fähigkeit, mathematische Methoden und mathematisches Denken zur Lösung von offeneren Problemstellungen heranzuziehen, wie das nebenstehende Beispiel zeigt[5].

Das Hauptergebnis von PISA-2000 war, dass die mathematische Grundbildung der 15-Jährigen in Deutschland als unzureichend bezeichnet werden muss. Weniger als die Hälfte der Schüler

ZUM AUSPROBIEREN

Münzen – eine PISA-Beispielaufgabe

Du wirst beauftragt einen neuen Satz von Münzen zu entwerfen. Alle Münzen sollen rund und silberfarbig sein, aber verschiedene Durchmesser haben. Forscher haben herausgefunden, dass ein idealer Satz von Münzen folgende Anforderungen erfüllt:

- ▶ Der Durchmesser der Münzen sollte nicht kleiner als 15 mm und nicht größer als 45 mm sein.
- ▶ Ausgehend von einer Münze muss der Durchmesser der nächsten Münze mindestens 30 % größer sein.
- ▶ Die Prägemaschine kann nur Münzen herstellen, deren Durchmesser in Millimeter ganzzahlig ist (z.B. 17 mm sind zulässig, 17,3 mm nicht).

Entwirf einen Satz von Münzen, der die oben genannten Anforderungen erfüllt.
Beginne mit einer 15-Millimeter-Münze. Dein Satz sollte so viele Münzen wie möglich enthalten.

Lösung: 15 – 20 – 26 – 34 – 45

erfüllte den durch die Lehrpläne vorgegebenen Standard, 17% zeigten nur Grundschulniveau, 7 % noch nicht einmal das.

Deutsche Schülerinnen und Schülern waren bei Routineaufgaben zwar etwas besser als der internationale Durchschnitt. Bei komplexeren, ins-

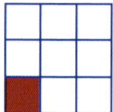

besondere bei realitätsnahen Aufgaben zeigten sie aber deutliche Schwächen. Im internationalen Vergleich wurde ein Platz im unteren Mittelfeld, deutlich unter den Werten aller übrigen west- und nordeuropäischen Länder, belegt. Die Leistungen der stärksten 5% und der schwächsten 5% der Schüler lagen in kaum einem anderen Land so weit auseinander.

Interessant ist in diesem Zusammenhang Folgendes: Diejenigen, die die heutigen Schülerinnen und Schüler wegen ihrer Bildungsferne kritisieren, wiesen zur eigenen Schulzeit im internationalen Vergleich auch keine besseren Leistungen auf. So belegte Deutschland Mitte der 60er-Jahre in einer Mathematikstudie, an der sich zwölf Industriestaaten beteiligten, lediglich den 11. Platz.[6]

Mit einseitigen Schuldzuweisungen an Eltern, Lehrer oder Politiker als Reflex auf PISA ist niemandem geholfen. Das bedeutet natürlich nicht, dass man die Resultate als unveränderlich akzeptieren sollte. Dass im deutschen Unterricht vieles im Argen liegt, darf nicht unter den Teppich gekehrt werden. Daher sollten die Ergebnisse von PISA Anlass sein, um über Stärken und Schwächen unseres Unterrichts nachzudenken und das Gesamtsystem gemeinsam weiterzuentwickeln. Dieses allerdings mit der richtigen Mischung aus Zielstrebigkeit und Geduld, nicht mit hektischer Betriebsamkeit. Hier gibt es erfreulicherweise schon qualitätvolle und viel versprechende Ansätze.[7]

Es soll in diesem Zusammenhang nicht unerwähnt bleiben, dass schriftliche Tests, wie bei diesen Vergleichsstudien verwendet, nur einen Teil dessen erheben, was die Qualität von Unterricht ausmacht. Und die Qualität des *Unterrichts* ist auch nur ein, wenngleich sehr wichtiger Teil dessen, was Qualität von *Schule* ausmacht. Vieles, was Schulen alltäglich als notwendige Bildungs- und Erziehungsarbeit leisten, wird also nicht berücksichtigt, wie etwa Entwicklung von Lernfreude und Kooperationsfähigkeit, Kompetenzen im Aushalten und Überwinden von Konflikten oder die Entwicklung ästhetischer Kompetenzen. Nehmen wir Studien wie PISA also ernst, aber seien wir uns auch deren Grenzen bewusst.

Um zur ‚Kuschelecken-Pädagogik' zurückzukommen: Die Forderung, als Reaktion auf die bestenfalls durchschnittlichen Leistungen deutscher Schüler wieder zu althergebrachten Formen des Lernens und Leistens zurückzukehren, die dem einleitenden Zitat des Grundschulverbands widersprechen, ist nicht haltbar. Schlechte Ergebnisse können nicht mit negativen Auswirkungen neuerer Unterrichtskonzeptionen erklärt werden. Denn wie Untersuchungen des Erziehungswissenschaftlers Brügelmann zeigen, werden diese lediglich in einem geringen Teil der Grundschulklassen verwirklicht.[8] Selbst wenn es eindeutige Zusammenhänge zwischen Unterricht in der Grundschule und Leistungen in der Sekundarstufe I gäbe, könnte man also die behaupteten Zusammenhänge nicht herstellen.

Und für die weiterführenden Schulen haben die internationalen Studien ergeben, dass deutscher Unterricht in der Mittel- und Oberstufe noch weitgehend traditioneller Unterricht ist, in dem der Lehrer Fragen stellt, deren Antwort er kennt, um herauszufinden, ob dieses auch bei den Schülerinnen und Schülern der Fall ist. Die weiterführenden Schulen haben das entdeckende Lernen noch keineswegs flächendeckend umgesetzt.

Eine der Lehren aus PISA muss also sein, vom insbesondere in der Sekundarstufe I weit verbreiteten Vormach-Nachmach-Unterricht wegzukommen und den individuellen Lern- und Leistungsmöglichkeiten der Schüler besser gerecht zu werden. Insofern sind die Themen Leistung des Unterrichts und Leistung im Unterricht eng miteinander verknüpft. Die uns hier wichtig erscheinenden Gesichtspunkte haben wir in den zwei Unterkapiteln Leistungen beurteilen und Leistungen rückmelden zusammengefasst.[9]

Leistungen beurteilen

Schon mehrfach war die Rede davon, dass Kinder in der Regel mehr können als es den Anschein hat. Aus kompetenzorientierter Perspektive könnte man in diesem Sinne den Volksmund zitieren, der bekanntlich weiß „Jeder kann was, was nicht jeder kann!". Dass nicht jeder alles gleich gut kann und die Lernmöglichkeiten den Lernerfolg entscheidend beeinflussen, wird aus der Geschichte über die Schule der Tiere deutlich.[10]

An dieser Geschichte kann die Notwendigkeit einer individuellen Bezugsnorm für die Herausforderung und für die Beurteilung von Leistungen deutlich werden. Das entscheidende Kriterium ist hierbei der persönliche Lernfortschritt. Ein Kind, das von 20 Rechenaufgaben 10 (statt vorher 5)

Die Schule der Tiere

Es gab einmal eine Zeit, da hatten die Tiere eine eigene Schule. Der Unterricht bestand aus Rennen, Klettern, Fliegen und Schwimmen, und alle Tiere wurden in allen Fächern unterrichtet. Die Ente war gut im Schwimmen, besser sogar als ihr Lehrer. Im Fliegen war sie durchschnittlich, aber im Rennen war sie ein ganz besonders hoffnungsloser Fall. Da sie in diesem Fach so schlechte Noten hatte, musste sie nachsitzen und den Schwimmunterricht ausfallen lassen, um das Rennen zu üben. Das tat sie lange, bis sie auch im Schwimmen nur noch durchschnittlich war. Durchschnittsnoten aber waren akzeptabel, darum machte sich niemand Gedanken darum, außer der Ente.

Der Adler wurde als schwieriger Schüler angesehen. Zwar schlug er in der Kletterstunde alle anderen darin, als Erster den Wipfel des Baumes zu erreichen. Jedoch wurde er unnachsichtig und streng gemaßregelt, da er darauf bestand, seine eigene Methode anzuwenden.

Das Kaninchen war anfänglich im Laufen an der Spitze der Klasse. Dann bekam es einen Nervenzusammenbruch und musste von der Schule abgehen wegen des vielen Nachhilfeunterrichts im Schwimmen.

Das Pferd gab sich beim Klettern besondere Mühe. Es war nämlich schon beim Flugunterricht unangenehm aufgefallen. Im Fliegen hätte es beinahe eine Fünf bekommen und sollte jetzt Nachhilfeunterricht nehmen.

Das Eichhörnchen war Klassenbester im Klettern, aber sein Fluglehrer ließ es seine Flugstunden am Boden beginnen, anstatt vom Baumwipfel herunter. Es bekam Muskelkater durch Überanstrengung bei den Startübungen und immer mehr ‚Dreier' im Klettern und ‚Fünfer' im Rennen.

Die Präriehunde waren der Meinung, dass man Buddeln auf jeden Fall in der Schule lernen müsse. Als die Schulbehörde es aber ablehnte, Buddeln zu einem neuen Unterrichtsfach zu machen, gaben sie ihre Jungen zum Dachs in die Lehre.

Am Ende des Schuljahres hielt ein anormaler Aal, der gut schwimmen, etwas rennen, klettern und fliegen konnte, als bester Schüler die Abschlussrede.

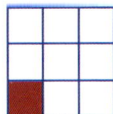

richtig löst, hat vermutlich mehr gelernt, als ein anderes Kind, das vorher 15 Aufgaben richtig hatte und jetzt 17. Das sollte in einer Weise anerkannt werden, die für beide nachvollziehbar ist.

Wir denken, dass die Orientierung an der individuellen Bezugsnorm gerade für jüngere Kinder ein zentrales Element unterstützender Leistungserziehung sein sollte. In der Grundschule sollte zunächst ausschließlich die *individuelle* Norm gelten. Die Schülerinnen und Schüler sollten Zutrauen in ihre Lernmöglichkeiten entwickeln und ihre Lernfreude erhalten. Die Qualifikationsfunktion der Schule verlangt in diesem Sinne, die Kräfte jeder Schülerin und jedes Schülers zu stärken und ihnen zu helfen, die eigenen Möglichkeiten optimal zu entfalten.

Das sollte allerdings nicht missverstanden werden als „Jeder darf das machen, was er will!" oder „Alles ist prima, was du machst!". Natürlich wollen wir, dass Schüler etwas lernen und leisten. Die wesentlichen Unterrichtsziele haben wir in Kapitel 6 beschrieben. Sie sind Orientierungspunkte, auf die hin alle Kinder entsprechend ihrer individuellen Leistungsmöglichkeiten gefördert werden sollten.

Erst wenn eine sichere Grundlage erreicht wurde, sollte zur individuellen die *anforderungsbezogene* Bewertungsnorm treten. Hier werden die Leistungen eines Schülers an Anforderungen gemessen, die in der Regel durch Lehrpläne oder die an ihnen orientierten Schulbücher vorgegeben werden.

Dass es die anforderungsbezogene Norm gibt, liegt wesentlich in der sogenannten Selektionsfunktion der Schule begründet. Denn am Ende der Grundschulzeit wird erwartet, dass die Zugänge zu den weiterführenden Schulen und damit auch mittelbar zu beruflichen Möglichkeiten verteilt werden.

Insofern steht die Grundschule stets in einem Spannungsverhältnis zwischen Auslesen und Fördern, das sie zwar nicht beseitigen, wohl aber abmildern kann – zum Beispiel dadurch, dass nicht punktuelle Leistungsmessungen durch eine bestimmte Anzahl von Mathematikarbeiten pro Schuljahr stattfinden, sondern Leistungen kontinuierlich festgestellt werden. So können Lernprozesse der Kinder aktiv begleitet und angeregt werden. Dazu müssen deren Lernbemühungen auf vielfältige Weise dokumentiert werden, etwa indem die Lehrerin wichtige Ereignisse des Schultages in einem Heft notiert oder indem sie regelmäßig die Arbeitsprodukte der Kinder analysiert.

Hier sollte nicht nur auf die Resultate, sondern auch auf die Vorgehensweisen geachtet werden: Die Lern*prozesse* sind genau so wichtig wie die Lern*produkte*. Da schriftliche Aufgabenbearbeitungen immer nur eine beschränkte Aussagekraft haben, stellen auch Gespräche mit Kindern oder Kindergruppen eine keineswegs zu unterschätzende Möglichkeit dar, mehr über ihr Denken zu erfahren, um sie so besser fördern zu können.

Und wenn Mathematikarbeiten und -tests geschrieben werden sollten, dann nicht vorrangig, um Fehler zu zählen und daraus eine Note abzuleiten, sondern um weitere differenzierte Hinweise auf Kompetenzen und auf Defizite der jeweiligen Kinder zu erhalten. Diese gilt es, mit ihnen zu besprechen und durch geeignete Maßnahmen aufzugreifen. Nicht wie viele Fehler gemacht werden, ist also die zentrale Frage, sondern welche Fehler – und wie sie zu erklären sind – und welche Fähigkeiten sich beobachten lassen.

Neben der individuellen und der anforderungsbezogenen Norm gibt es im Übrigen noch eine dritte, die sogenannte *vergleichsorientierte* Norm: Hier werden die Leistungen eines Schülers zu den Leistungen der Mitschülerinnen und -schüler in Beziehung gesetzt. Alle Leistungen werden miteinander verglichen und in eine Rangfolge gebracht. Die vergleichsorientierte Bewertungsnorm steht im Widerspruch zum eingangs formulierten Konzept der ermutigenden und unterstützenden Erziehung. Sie kann entscheidend dazu beitragen, konkurrenzbestimmtes anstelle von sachbezogenem Lernen zu fördern. Daher sollte sie in der Grundschule keine Anwendung finden.

Außerdem wären dann wichtige Entscheidungen – wie die des Übergangs nach Klasse 4 – zwangsläufig auch von Zufälligkeiten abhängig. Ein Kind, das eine bestimmte Leistung bringt, würde in einer Klasse, in der die Eltern die schulische Entwicklung ihrer Kinder unterstützen, vermutlich eine schlechtere Beurteilung erhalten, als wenn es dieselbe Leistung in einer anderen Klasse zeigte, deren Kinder über schlechtere Bedingungen verfügen.

Natürlich sollte Schule die Kinder nicht ins offene Messer laufen lassen und den Blick dafür verlieren, dass wir in einer wettbewerbsorientierten Gesellschaft leben. Aber...[11]:

> Die Grundschule bereitet ihre Schülerinnen und Schüler auf die noch bestehende Wettbewerbsgesellschaft dadurch am besten vor, daß sie, solange es nur geht, das Selbstvertrauen der Kinder stärkt und ihnen in Ruhe und Gelassenheit immer wieder neu Gelegenheiten der Könnenserfahrung eröffnet und Strategien des Lernens und der Erfahrungserweiterung aufzeigt.

Leistungen rückmelden

Im Zusammenhang mit der zentralen Frage, wie man Kindern ihre Leistungen rückmelden sollte, hält sich ein Vorurteil hartnäckig in der Diskussion – nach unserer Einschätzung zu Unrecht. Eine Schule ohne Noten ist eine Schule ohne Leistung, wird behauptet. Eigentlich gemeint ist: Eine Schule mit Noten ist eine Schule mit Leistung. Beides ist zumindest in dieser Absolutheit falsch.

So hat die bereits erwähnte PISA-Studie unter anderem aufgezeigt, dass es die behaupteten Wechselwirkungen zwischen dem Leistungsniveau und der Rückmeldungspraxis nicht gibt. So erzielen Länder wie Schweden überdurchschnittliche Resultate, obwohl sie bis zur Klasse 8 auf Noten verzichten, während Deutschland, wo es in der Regel spätestens ab dem 3. Schuljahr Ziffernnoten gibt, keinesfalls zufrieden stellende Ergebnisse erzielte.

Immer wieder wird behauptet, Kinder bräuchten und wollten Noten; nur so wüssten sie

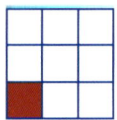

und ihre Eltern, wo sie stünden. Diese Einstellung ist wohl größtenteils aufgrund äußerer Einflüsse erlernt. Natürlich haben Kinder Interesse an einer Rückmeldung zu ihren Leistungen. Wenn sie diese nicht anders erhalten als durch Noten, verwundert ihre Einstellung nicht. Noten haben jedoch eine sehr geringe Aussagekraft. Ein ‚ausreichend' in Mathematik sagt nichts darüber aus, wo Defizite und Kompetenzen liegen und wie man das weitere Lernen förderlich begleiten kann. Aber es geht auch anders, wie der folgende Ausschnitt aus einer Lernrückmeldung aufzeigt.

> Am Mathematikunterricht hast du dich in den letzten Wochen zunehmend lebhaft und mitgestaltend beteiligt. Du konntest auch schon Sachzusammenhänge ohne Hilfe erkennen und Sachsituationen in Rechenwege umsetzen. Additions- und Subtraktionsaufgaben im Zahlbereich bis 1000 und Multiplikations- und Divisionsaufgaben mit Einer- und Zehnerzahlen hast du zunehmend sicherer gelöst. Du hast gerne mit dem Spiegelbuch gearbeitet. Häufig hast du dich aber zu schnell mit einem Ergebnis zufrieden gegeben. Und zu selten hast du deine Lösungen kontrolliert oder deine Entscheidungen verständlich begründet.

Neben regelmäßigen mündlichen Kommentaren zum Lernverhalten und zum Leistungsstand sollten solche differenzierten Lernentwicklungsberichte die Normalform einer unterstützenden Rückmeldung sein. Die Lernangebote der Schule und die Lernbemühungen und Lernerfolge der Kinder werden hier individuell beschrieben und kritisch aufeinander bezogen. Es geht dabei nicht um einseitige Schuldzuweisungen an das Kind, sondern um das Eintreten in einen Dialog zwischen Lehrerin, Eltern und Kind, in dessen Zentrum gelungene und misslungene Unterrichtsprozesse stehen.

Dabei sollten Rückmeldungen, die von der Absicht getragen sind, die Lernentwicklung des Kindes positiv zu fördern, sachbezogen erfolgen und nicht die Person des Kindes bewerten. Statt um Lob und Tadel geht es also um Ermutigung und Sachkritik. Natürlich bedeutet die Formulierung solcher Berichte für die Lehrerin mehr Arbeit als das schnelle Festlegen einer Ziffernnote. Doch gibt es unseres Erachtens hierzu keine Alternative, wenn die Schule die Leistungsentwicklungen der Schülerinnen und Schüler wirklich unterstützen möchte[12], denn

→ Noten schließen individuelle Bewertungen aus, sie beziehen sich auf Anforderungen an alle und auf den Leistungsvergleich in der Lerngruppe und formulieren dies mit einer inhaltlich leeren Formel. Dadurch verhindern sie das konstruktive Bewusstsein der eigenen Lernbiografie.

→ Sie ziehen das Interesse von der Sache ab und richten es auf ein Belohnungs- und Bestrafungssystem in sechs Stufen. Dadurch verhindern sie den Aufbau von sachbezogenem Interesse.

→ Sie belohnen und verstärken die ohnehin schon leistungsfähigeren Kinder, sie demotivieren die leistungsschwächeren, die sich immer wieder an der unteren Leistungsskala finden. Sie entwickeln deren Leistungsmög-

lichkeiten nicht und tragen zu negativen Selbstkonzepten bei.
→ Sie schaffen in der Klasse eine Rangfolge und fördern rivalisierendes Lernen. Dadurch verhindern sie die Entwicklung von kooperativer Sozialkompetenz.
→ Sie richten die Aufmerksamkeit auf die Lernprodukte, ohne ihr Zustandekommen, also die tatsächliche Leistung des Kindes zu würdigen. Dadurch desinformieren sie.

Natürlich können all diese anti-pädagogischen Effekte auch durch Rückmeldungen anderer Art erzeugt werden. Verachtung einer Lehrerin kann schmerzlicher sein und für die Entwicklung des Kindes verheerender als ein Mangelhaft. Taten wie Worte können Kinder herabsetzen, sie in Konkurrenzen bringen, Lernprobleme beschönigen und Kinder an unkindgemäßen Normen messen. Missmutige Lehrerinnen und Lehrer, Schuljobber, die nur Buchseiten oder Arbeitsblätter abarbeiten lassen, sind in ihren Rückmeldungen eher destruktiv, vorurteilsgebunden, oberflächlich. Da hilft dann auch der Verzicht auf Noten nicht. Was sonst alles hinter der Note steckte, kann nun in Worte gekleidet lesbar werden.

Doch Lehrerinnen und Lehrer, die Kindern Lust am Lernen vermitteln, ihre Selbstständigkeit fördern und alle Differenzierung in die Gemeinsamkeit des Lernens einbinden, sind vor solchen Fehlentwicklungen gefeit. Sie drücken ihre förderliche Einstellung im täglichen Umgang mit den Kindern aus.

Link: pikas.dzlm.de/node/1184
Buchtipp: Sundermann, Beate & Christoph Selter (2013): Beurteilen und Fördern im Mathematikunterricht. Berlin: Cornelsen.

DAS WICHTIGSTE KOMPAKT

→ Die Klagen über den angeblichen Leistungsverfall an deutschen Schulen müssen relativiert werden. Manches können Schüler heute besser, anderes schlechter als Schüler, die vor 30 Jahren zur Schule gingen. Zudem scheint es normal zu sein, dass eine Generation ein gesunkenes Leistungsniveau bei ihrer Nachfolgegeneration befürchtet.

→ Grundschule befindet sich stets in einem Spannungsverhältnis von Fördern der Kinder einerseits und der Notwendigkeit, nach vier Jahren Entscheidungen über die weitere Schullaufbahn treffen zu müssen. Dieses kann sie nicht beseitigen, wohl aber dadurch abmildern, dass sie sich zur Beurteilung von Leistungen nicht nur auf die Anforderungen der Lehrpläne, sondern – solange es geht – auf die individuelle Lernentwicklung des einzelnen Kindes bezieht.

→ Unter den gegebenen Bedingungen kann leider auf Ziffernnoten nicht vollständig verzichtet werden. Sie sollten aber durch aussagekräftigere und dadurch hilfreichere Formen der Rückmeldung weitest möglich ersetzt bzw. ergänzt werden.

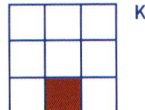

KAPITEL 8

Wie Erwachsene Kinder manchmal beim Lernen behindern

Wie wir bereits beschrieben haben, denken und lernen Kinder unterschiedlich (vgl. Kap. 2). Eine Lehrerin kann daher nicht davon ausgehen, dass sämtliche Kinder zum gleichen Zeitpunkt dieselben Lernerfahrungen gesammelt haben und dieselben Lernwege gegangen sind. In einem 1. Schuljahr beispielsweise kann man durchaus einem Leistungsspektrum begegnen, das drei Lernentwicklungsjahre umfasst. Es ist durchaus möglich, dass in ein und derselben Klasse Kinder sind, die noch Schwierigkeiten beim Abzählen von Dingen haben, während manche ihrer Mitschüler bereits sicher im Kopf bis 100 rechnen können. In fast jeder Klasse finden sich Schülerinnen und Schüler, die bei bestimmten Lerninhalten Schwierigkeiten haben, während andere diese mit Leichtigkeit bewältigen.

Das eine wie das andere allein ist weder Grund zur Beunruhigung noch zu übermäßiger Freude. Bauchschmerzen ziehen genauso wenig zwangsläufig eine ernsthafte Erkrankung nach sich wie ein erfreulich verlaufener Zahnarztbesuch einen körperlich einwandfreien Gesamtzustand garantiert. Etwas Anderes ist es, wenn Schwierigkeiten gehäuft auftreten, die Kinder also durchgängig überfordert sind, oder wenn sie schulische Anforderungen stets problemlos bewältigen, also eine kontinuierliche Unterforderung vorliegt.

Mit diesen beiden Gruppen von Kindern wollen wir uns in den letzten zwei Kapiteln befassen. Da wir mit diesem Buch keinen Ratgeber zu ‚Rechenstörungen' oder zur ‚Hochbegabung' vorlegen, müssen wir uns jeweils auf einige zentrale und unseres Erachtens relevante Grundaussagen beschränken. Es ist nicht die Absicht dieses Buches, Fallbeispiele und konkrete Fördermaßnahmen ausführlich zu diskutieren. Letzteres wäre auch problematisch, da ‚Rechenschwäche' und ‚Rechenstärke' von Kind zu Kind ganz unterschiedliche Ausprägungen zeigen.

Was ist Rechenschwäche?

Schwierigkeiten beim Rechnen lernen sind ganz normal. Sie treten auf und werden wieder überwunden. Dadurch lernt man. Nicht normal ist es allerdings, wenn sich ernsthafte Probleme verfestigen. In der sonderpädagogischen bzw. der psychologischen Literatur oder bei kommerziellen Therapie-Instituten wird dann häufig von *Dyskalkulie* oder *Arithmastenie* (griechisch für: Zahlenkrankheit) gesprochen. Grundschulpädagogen oder Mathematikdidaktiker wählen hingegen oft die Begriffe *Rechenstörung*, *Rechenschwäche* bzw. *(besondere) Rechenschwierigkeiten*. Daneben wird noch eine Reihe weiterer Wörter – wie *Akalkulie* oder *Oligokalkulie* – verwendet, um etwas zu benennen, was von keiner der beteiligten Wissenschaften bislang in allgemein anerkannter Weise beschrieben werden konnte.

Wie Brügelmann für das Lesen- und Schreibenlernen aufgezeigt hat, ist der Begriff einer durch erbliche oder geburtliche Schäden verursachten *Legasthenie* – besonderen Schwierigkeiten beim Lesen und Schreiben lernen bei normaler Intelligenz –, die von ‚normalen' Lernschwierigkeiten abzugrenzen und grundsätzlich anders zu therapieren wäre, weder theoretisch stimmig, empirisch erklärungskräftig noch praktisch hilfreich.[1] Für den Bereich des Rechnens trifft Gleiches zu. Mit einseitigen Erklärungsmustern hilft man weder den Kindern noch den Erwachsenen (Eltern, Lehrern, Therapeuten), denn Schwierigkeiten können sich aus ganz unterschiedlichen Risikofaktoren ergeben.[2]

Folgt man diversen Publikationen unterschiedlicher wissenschaftlicher Solidität, so wurden je nach Untersuchung bei 2% bis zu 20% der Schüler eines Grundschuljahrgangs Rechenstörungen diagnostiziert. Dass sich hier so unterschiedliche Werte ergaben, liegt hauptsächlich daran, dass es keine einheitliche Definition von Rechenschwäche gibt. Es herrscht keine Einigkeit darüber, wo die Grenze zu ziehen ist. Eine verbreitete Begriffserklärung beschränkt sich daher auf die Aussage „Rechenschwach ist, wer dauerhafte und umfangreiche Schwierigkeiten beim Rechnen hat". Aufgrund der Vielfalt der Erscheinungsformen handelt es sich dabei vielleicht um die einzig mögliche. Sie gesteht das Fehlen einer klaren Phänomenbeschreibung ehrlich ein, öffnet aber auch der Willkür Tür und Tor.

Ein weiterer Grund für die unterschiedlichen Untersuchungsergebnisse ist darin zu suchen, dass es keine allgemein anerkannten Tests zur Feststellung besonderer Schwierigkeiten beim Mathematiklernen gibt.

Merkmale von Rechenschwäche

Um den Begriff konkreter zu fassen, bietet es sich daher an, einige wesentliche Merkmale zu beschreiben. Jedes für sich genommen muss noch kein Anzeichen von ernsthaften Schwierigkeiten beim Mathematiklernen sein. Im folgenden Beispiel finden sich einige von ihnen[3].

BEISPIEL

Bernd ist 11 Jahre und besucht die 4. Grundschulklasse. Im Unterricht ist er unauffällig, still, zurückhaltend, aber von den Mitschülern geschätzt und gilt als ruhender Pol. Schon in der 1. Klasse machte ihm das Rechnen Mühe, aber die Lehrerin meinte: „Das kommt noch." Es kam nicht, wie die Mutter klagt.
Textaufgaben zu lösen, versucht er erst gar nicht, weil er weiß, dass er sie nicht schafft.
Er ist nicht motiviert, in die Schule zu gehen, seine Unlust hat sich inzwischen auch auf die anderen Fächer ausgebreitet, in denen er eigentlich gute, teilweise überdurchschnittliche Leistungen erbracht hat und erbringen könnte.
Bei schriftlichen Aufgaben ermittelt Bernd das Ergebnis stets zählend. Dabei benutzt er Ver-

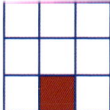

anschaulichungsmaterial wie Würfel, an denen er abzählen kann. Nach längerer Bearbeitung stellen sich scheinbar Konzentrationsschwächen ein, so dass sich typische Zählfehler oder Vertauschungen ergeben.

…

Die Aufgaben des Einmaleins kann Bernd auswendig; überhaupt erweist sich sein verbales Gedächtnis als ausgezeichnet. So lernt er etwa Gedichte und Lieder leicht auswendig und kann Texte schnell erfassen und nacherzählen. Aber er kann die Multiplikation nicht anwenden.
Bernd vertauscht nicht nur links und rechts bei Zeichenaufgaben, bei der Beschreibung eines Würfels verwechselt er auch häufig vorne und hinten. Er kann altersentsprechende Zeichnungen erstellen, auch abstrakte, allerdings gelingt ihm dieses aus dem Gedächtnis fast gar nicht. Faltet man ein Blatt Papier vor seinen Augen und schneidet eine Ecke ab, kann er sich nicht vorstellen, wie das entfaltete Stück Papier aussieht.

Es liegen zahlreiche Merkmalskataloge in unterschiedlicher Ausführlichkeit vor. In Anlehnung an den Mathematikdidaktiker Schipper wollen wir die dort zum Ausdruck kommende Vielfalt auf fünf häufig zu beobachtende Merkmale reduzieren.[4]

Verfestigung des zählenden Rechnens

Zählendes Rechnen ist in frühen Phasen des Lernprozesses normal. Dass beispielsweise Schulanfänger die Aufgabe 3 + 4 lösen, indem sie mit Material oder an ihren eigenen Fingern zunächst bis 3 und dann von dort aus um 4 weiter zählen (4, 5, 6, 7), ist keineswegs unüblich. Im weiteren Verlauf des Lernprozesses sollten die Kinder sich aber von dieser Vorgehensweise lösen.

Das erreicht man allerdings nicht, indem man ihnen verbietet, mit den Fingern zu rechnen. Kinder sind sehr erfindungsreich darin, so mit den Fingern zu zählen, dass man es als Erwachsener kaum bemerkt. Oder sie bedienen sich anderer Zählhilfen, wie leichten Kopfnickens. So lösen sie dann beispielsweise die Aufgabe 34 + 28, indem sie von 34 um 28 weiter zählen, eine recht aufwändige, schwierige und fehleranfällige Vorgehensweise.

Unsicherheiten bei der Links-/Rechts-Unterscheidung

Etwa jedes zweite Kind mit besonderen Rechenschwierigkeiten zeigt – so Schipper – Probleme bei der Rechts-/Links-Unterscheidung an sich selbst und am Gegenüber. Nun operieren alle Arbeitsmittel und Veranschaulichungen in der Arithmetik mit Richtungen, beispielsweise die Rechenkette (vgl. Kap. 6), auf der Perlen nach rechts oder links verschoben werden. Daher ist es verständlich, dass diese Kinder Schwierigkeiten haben, sich die erforderlichen sicheren Grundvorstellungen von Zahlen und Rechenoperationen anzueignen.

> **ZUM AUSPROBIEREN**
>
> ### Wie schwierig zählendes Rechnen sein kann
>
> Stellen Sie sich bitte vor, die Buchstaben des Alphabets stehen für die Zahlen von **0** bis **25**, das **a** also für die **0**, das **b** für die **1** usw. Rechnen Sie nun **b + d**. Das geht relativ schnell. Aber wie sieht es aus mit **i + k** oder **w – m**? Bekommen Sie ein Gefühl dafür, wie schwierig es sein kann, zählend zu Ergebnissen zu kommen?

Übersetzungsprobleme zwischen verschiedenen Darstellungen

Zahlen und Rechenoperationen lassen sich auf unterschiedliche Weise darstellen: mithilfe von Material (5 Klötze), mithilfe von Bildern (Bild von 5 Personen), als gesprochenes Zahlwort (*fünf*) oder als Zahlsymbol (5). Nicht wenige Kinder mit Rechenstörungen haben Schwierigkeiten, zwischen diesen verschiedenen Arten der Darstellung hin- und herzuwechseln. Es fällt ihnen beispielsweise

Rechenaufgaben von Kindern

Hier sehen Sie einige von Schülern „erfundene" Darstellungen für Rechenaufgaben.[5]
Welche Aufgabe soll jeweils dargestellt werden?

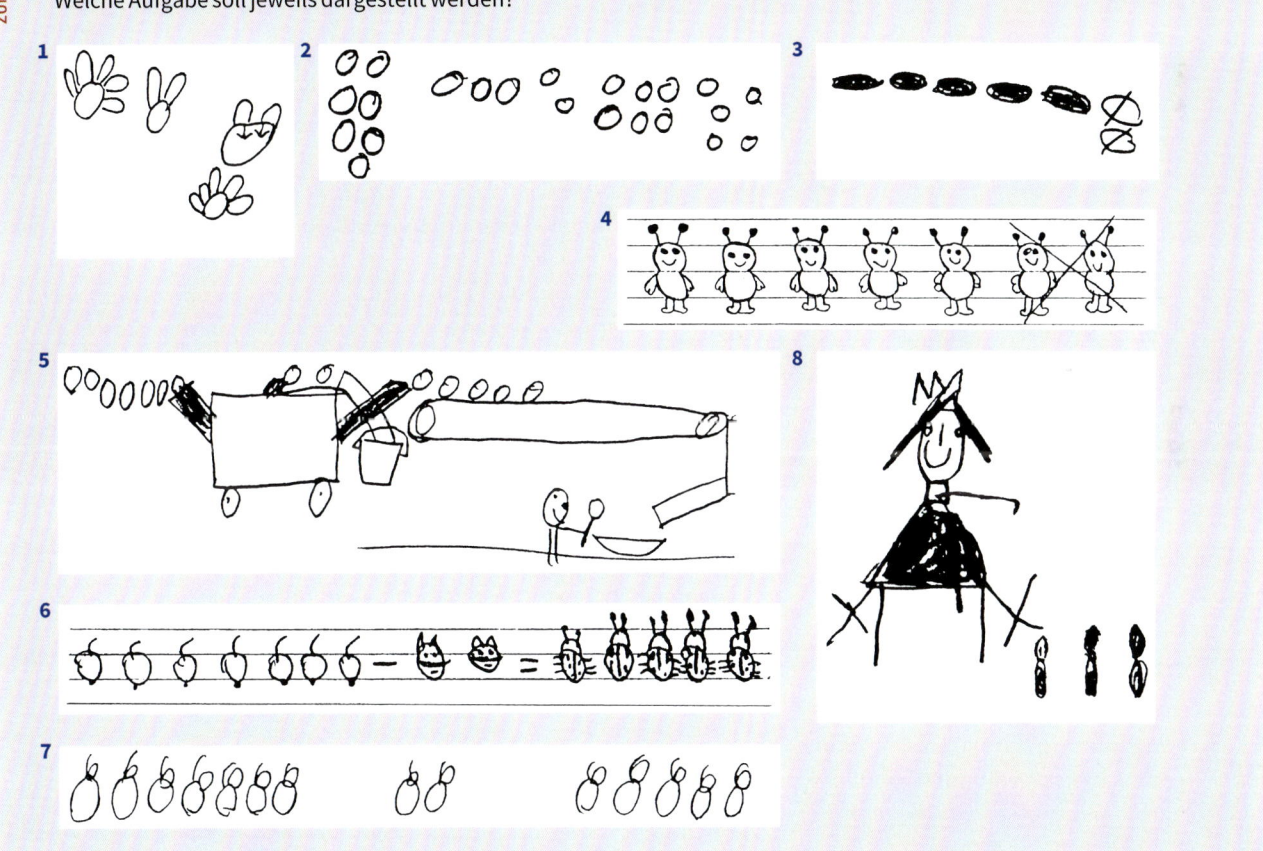

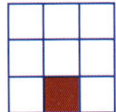

schwer, die mündlich gestellte Aufgabe 6 + 4 mit Material nachzulegen oder sich zu 12 – 5 ein Bild vorzustellen.

Vielleicht überrascht es Sie: Alle Bilder auf der Seite 89, sollen dieselbe Aufgabe darstellen, nämlich 7 – 2 = 5. Während dabei die leistungsstarken Schüler in der Regel ihre Darstellungen als Bildgeschichten oder in Form der bekannten Schulbuch-Bilder des Weggehens oder Weglegens zeichneten, gelang dieses schwächeren Schülern (Nr. 2, 6, 7, 8) häufig nicht wie gewünscht. Doch ihre Darstellungen sind nicht ohne innere Logik, was bei Nr. 7 nicht so schwer, bei 6 und 2 und 8 jedoch weniger gut erkennbar ist.

Die Folge ist, dass diese Kinder sich häufig nur noch im Bereich der Zahlsymbole bewegen und schwerlich Vorstellungen zu Zahlgrößen oder Zahlbeziehungen ausbilden. Auch fällt es ihnen schwer, Zusammenhänge zwischen der Verwendung von Material und der Lösung von Rechenaufgaben zu sehen. Konkrete Handlungen garantieren keineswegs immer Verständnis. Da das Hantieren mit Material in den Augen der Kinder bisweilen nichts oder wenig mit der eigentlichen Aufgabe zu tun hat, hilft es nicht in dem erwünschten Ausmaß.

Auffassung von Mathematik als bedeutungsloses Regelwerk

Manche Kinder empfinden selbst einfache Rechenaufgaben als ergründliche Geheimnisse. In ihrer Wahrnehmung müssen sie nichtssagende Symbole gemäß undurchsichtiger Operationen miteinander verknüpfen. Es kommt dabei darauf an, die richtigen Regeln zu finden. Eine falsche Lösung bedeutet, dass das Kind nicht die richtige Regel gefunden hat. Ein typisches Beispiel sind die Textaufgaben, die eigentlich ersonnen wurden, um Mathematik in alltagsnahen Situationen anwenden zu können. Bei schwächeren Kindern kann man nicht selten beobachten, dass sie nach der richtigen Operation suchen, ohne auf die Aufgabeninhalte zu achten.

Geringes Selbstvertrauen

„Ich weiß nicht, wie ich das jetzt rechnen muss." oder „Das kann ich sowieso nicht.", sind typische Äußerungen, deren häufiges Auftreten ein Fingerzeig dafür sein kann, dass ein Kind Probleme beim Rechnen hat. So entwickelt sich langsam ein Teufelskreis: Geringes Selbstvertrauen in die eigenen mathematischen Fähigkeiten kann dazu führen, dass diese Kinder ihrem eigenen Denken mehr und mehr misstrauen und sich immer weniger zutrauen. Das führt natürlich dazu, dass ihre Leistungen tatsächlich immer schlechter werden, was wiederum Auswirkungen auf ihr mathematisches Selbstbild hat (vgl. Kap. 6).

Es ist schwer, aus diesem Teufelskreis auszubrechen, aber manchmal gelingt es: Anna war ein Kind, das aufgrund seiner bisherigen Erfahrungen in der Schule nicht nur Ängste bezüglich des Mathematikunterrichts aufgebaut, sondern eng damit verbunden eine regelrechte Antipathie gegen alles entwickelt hatte, was mit Zahlen zu tun hat. Lesen Sie Auszüge aus einem Brief von Lita Ulrike Brandner[6].

Liebe Ina!

Heute möchte ich dir von der kleinen Anna erzählen. Anna ist 8 Jahre alt, besucht die 2. Klasse der Grundschule. Ich kenne Anna seit einigen Jahren als nettes, aufgewecktes, phantasievolles Mädchen. Sie wohnt in unserer Nachbarschaft. Nun, Anna hat ein Problem: Sie ist nämlich DUMM!

Du staunst, wie ich so etwas behaupten kann, nachdem ich sie doch gerade ganz anders beschrieben habe? Das sage auch nicht ich, sondern ihre Eltern.

Anna ist einfach zu dumm $72 + x = 85$ zu rechnen – dabei ist das doch ganz einfach: MAN rechnet $72 + 8 = 80$ und dann von 80 bis $85 = 5$, $8 + 5$ ist 13, also ist $72 + 13 = 85$. Ist doch kinderleicht, das macht doch jeder so. Schließlich übt die Lehrerin das mit der Klasse nun schon seit Wochen – eigentlich ist es doch immer das gleiche Schema, nach welchem man denken muss, das kann doch nicht so schwer sein, oder? Und in den Hausaufgaben üben die Kinder dann auch noch so lange, bis es einfach irgendwann sitzen muss.

Annas Mutter sagte noch letzte Woche zu mir: „Ich weiß gar nicht, wie das demnächst werden soll, wenn die Multiplikation eingeführt wird. Sie kann ja noch nicht einmal vernünftig addieren und subtrahieren. Ich sehe schwarz, das klappt nie. Auch die Lehrerin hat schon mehrmals gesagt, dass Anna recht langsam denkt, Anlaufschwierigkeiten hat und manchmal ziemlich begriffsstutzig ist. Das gibt noch richtig Theater."

Und jetzt stell dir vor was passiert, es ist kaum zu fassen. Da hat eine Bekannte von Annas Eltern mit ihr einen Versuch gemacht. Mit diesem Versuch wollte diese Studentin überprüfen, ob die These stimmt, dass Schüler häufig über wesentlich mehr Vorkenntnisse und mathematische Fähigkeiten verfügen, als üblicherweise angenommen bzw. vorausgesetzt wird. Und da sucht die sich nun ausgerechnet die Anna heraus!!!

Anna löste einfache Multiplikations- und Divisionsaufgaben, obwohl sie in ihrem ganzen Schülerdasein so etwas noch nie gemacht hatte und auch noch nichts darüber gehört hatte, abgesehen von der Äußerung der Lehrerin, dass Multiplikation sowieso nur eine reine Pauksache sei. Wie dem auch sei, Anna löste alle ihr gestellten Aufgaben. Diese wurden ihr zunächst in Form von Textaufgaben mündlich gestellt, zum Malnehmen und zum Teilen. Dasselbe wurde anschließend mit Plättchen durchgeführt, die beispielsweise 4 mal hintereinander à 5 Stück, also 4×5, in eine Schachtel gelegt wurden.

Es ist unglaublich. Anna konnte mit ihrer eigenen individuellen Vorgehensweise die Aufgaben richtig lösen! Ich glaube, dass die Lehrerin beim Betrachten des Films, ihr Sorgenkind betreffend, rückwärts aus den Latschen kippen würde.

Anna hat erzählt, dass ihr der Versuch „so richtig Spaß" gemacht hat. „Das war gar nicht so schwer. Wenn wir doch nur solche Sachen auch in der Schule machen dürften, das wäre toll! Da könnte man richtige schöne Spiele draus machen und lernt dabei sogar."

Anna hatte an diesem Tag viele Ängste, Angst davor sich zu blamieren, zu versagen, ausgelacht zu werden bei falschem Ergebnis, den Anforderungen nicht zu entsprechen. Genauer betrachtet hat Anna seit ihrer Schulzeit nicht nur kontinuierlich Ängste bezüglich des Mathematikunterrichts aufgebaut, sondern eng damit verbunden eine regelrechte Antipathie gegen alles, was mit Zahlen zu tun hat, entwickelt.

Ich dachte, das solltest du wissen, wo du doch jetzt bald beginnst, in der Schule zu arbeiten.

Dafür alles Gute wünscht dir

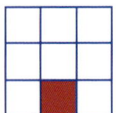

Doch die Geschichte ist noch nicht zu Ende. Auch wenn es kaum zu glauben ist: Durch dieses einmalige Erlebnis, dass sie in Mathematik etwas kann, wurde Anna völlig umgekrempelt. Innerhalb eines Jahres entwickelte sie sich ohne besondere Fördermaßnahmen von einem Problemkind zu einem Kind, das in Mathematik zu den besten gehörte. Selten geht das so schnell so gut aus – dennoch: Erfolg und damit verbunden ein positives Selbstbild können Wunder wirken!

An Annas Beispiel kann man sehen, dass andauernde Schwierigkeiten beim Mathematiklernen nicht nur auf fehlende Voraussetzungen beim Kind zurückgeführt werden können. Im folgenden Abschnitt beschreiben wir, weche Ursachen zum Entstehen einer Rechenschwäche beitragen können.

Mögliche Ursachen von Rechenschwäche

Bislang konnten keine Ursachen identifiziert werden, die eine Rechenschwäche *zwangsläufig* zur Folge haben. Aber eine Rechenschwäche entwickelt sich auch nicht zufällig. Es gibt Risikofaktoren, durch deren Zusammenwirken Schwierigkeiten entstehen können. Gleichermaßen ist denkbar, dass sich trotz solcher Faktoren keine Probleme ergeben oder auch andere als die im Folgenden genannten Faktoren zu deren Entstehen beitragen. In Anlehnung an Schipper wollen wir diese in drei Faktorenbündeln zusammenfassen.[7] Diese sind natürlich nur auf dem Papier sauber voneinander zu trennen.

Individuelle Risikofaktoren
Individuelle Risikofaktoren sind zum Beispiel neurologische Fehlleistungen (wie Wahrnehmungsstörungen), Angst vor Mathematik und Mathematikunterricht, geringes Zutrauen in die eigenen Lernmöglichkeiten, Schwierigkeiten im Aufrechterhalten von Motivation und Aufmerksamkeit, Probleme bei der Aufnahme oder beim Behalten von Informationen sowohl im Langzeitgedächtnis (auswendig gelernte Ergebnisse von Einmaleinsaufgaben) als auch im Kurzzeitgedächtnis (Zwischenergebnisse von Aufgaben wie 47 + 89), unerkannte Beeinträchtigungen der Hör- oder der Sehfähigkeit, schlechte Lernvoraussetzungen (ohne sichere Einmaleinskenntnisse ist die schriftliche Multiplikation schwierig) oder Sprachschwierigkeiten.

Didaktische Risikofaktoren
Häufiger als man vermuten würde, spielen auch sogenannte didaktische Faktoren eine Rolle. Darunter verstehen wir Probleme, die sich daraus ergeben, dass Erwachsene und Kinder einander nicht verstehen. Beispiele hierfür sind etwa unverständliche Aufgabenstellungen in wenig übersichtlichen Schulbüchern, das Vorschreiben bestimmter Denkwege, eine unverantwortliche Stofffülle, der nicht sachgerechte Einsatz von geeigneten Medien, eine verfrühte Behandlung abstrakter Darstellungen oder ungeeignete Materialien oder Veranschaulichungen. Letzteres wird aus einem Gespräch zwischen Ralf und seiner Therapeutin über den lange zurückliegenden Erstrechenunterricht deutlich[8]:

BEISPIEL

„Das Kullersystem habe ich überhaupt nicht verstanden. Frau B. hat gesagt: Schnucki frißt den Kuchen auf. Sie hat sechs Kullern an die Tafel gemalt und vier durchgestrichen und dann eingekringelt. … Ich habe das Durchstreichen nicht verstanden. Mit Zahlen wäre es wohl leichter gewesen als mit Kullern … Ich weiß nur, dass ich zuerst mit Zahlen gehandelt habe. Und dann kam plötzlich das Kullersystem. Und das war der Zusammenbruch. Ich versuchte, es zu verstehen. Aber ich weiß heute davon nichts mehr – wirklich nichts mehr. Sie hatte die Kullern halbiert. Ich versuchte, es besser zu verstehen. Ich suchte nach dem Kern. Sie hat gleich halbiert, und dann hat sie das Lernen für sich einkassiert. …" – „Ich verstehe nicht, was meinst du? Was meinst du mit halbiert?" – „Ja, zum Beispiel bei den Wenigeraufgaben. Zum Beispiel bei der Aufgabe Schnucki frißt den Kuchen auf." – „Ich verstehe nicht, was du meinst. Was meinst du mit halbiert," – „Ja, sie hat halbiert, aber die redet vom Durchstreichen. Sie hat die Kullern halbiert. Das ist doch alles Heuchelei. Wenn man einen Apfel halbiert, dann hat man doch zwei Hälften." – „Ich verstehe dich nicht. Kannst du es aufmalen, was sie an die Tafel gezeichnet hat?" – „Ja, das kann ich." Er malte.

Ø Ø Ø Ø O O

Als ich mir die Zeichnung anschaute, sah ich, dass Ralf recht hatte.

An dieser Geschichte wird deutlich, wie gut gemeinte Veranschaulichungen mathematischer Sachverhalte (hier für die Aufgabe 6 – 4) vollkommen anders verstanden werden können, als sie gemeint sind. Vermeintliche Vereinfachung wird so zur Erschwerung.

Für die Schule gilt demnach, dass Schwierigkeiten nicht unbedingt Schwierigkeiten mit der Mathematik sein müssen, sondern Schwierigkeiten mit dem Mathematik*unterricht* sein können. Das betrifft insbesondere einen Unterricht, der unabhängig von den jeweils individuellen Voraussetzungen einen bestimmten Denkweg für alle verbindlich vorschreibt. Insofern kann man auch sagen, dass einer Lernbehinderung nicht selten auch eine Behinderung des Lernens vorausgeht.

Auch persönliche Probleme mit der Lehrkraft (*„Die Frau X ist blöd, die mag mich nicht."*), die fehlende Bereitschaft oder Kompetenz von Lehrpersonen, sich auf die originellen, wenn auch möglicherweise nicht korrekten Denkwege von Kindern einzulassen, oder unterschiedliche Denkstile von Lehrperson (zum Beispiel impulsiv und assoziativ) und Kind (zum Beispiel bedächtig und strukturiert) können zur Entstehung dauerhafter Schwierigkeiten beitragen. Schließlich kann auch eine verfehlte Übungspraxis die Ausprägung von Lernschwierigkeiten unterstützen: etwa ein frühes Abkoppeln von anschaulichen Darstellungen, nicht ausreichende Anregungen, um sich vom zählenden Rechnen zu lösen, oder die Überhäufung mit Übungsaufgaben, die nicht auf individuelle Schwierigkeiten eingehen.

Zu den didaktischen Faktoren kann schließlich auch gezählt werden, wenn das Unterrichtsangebot nicht zum Entwicklungsstand des Kindes passt, d. h. das Kind noch nicht so weit ist und diese Tatsache nicht hinreichend berücksichtigt wird.

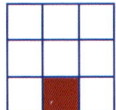

Familiäre und soziale Risikofaktoren

Hierunter fallen zum Beispiel Erziehung zur Unselbstständigkeit durch überbehütende Erwachsene, das Fehlen von elementaren Voraussetzungen für erfolgreiches Lernen (z. B. eigener Arbeitsplatz für Hausaufgaben oder hinreichend viel Schlaf), das Erzeugen von Angst vor Misserfolg oder von übertriebenem Perfektionismus durch überzogene Erwartungen, zu den schulischen Bemühungen im Widerspruch stehende Belehrungsversuche (indem zum Beispiel verfrüht die schriftliche Subtraktion ‚beigebracht' wird), psychische Belastungen durch angespannte Familiensituationen (Scheidung, Tod), Überbeanspruchung durch außerschulische Aktivitäten, soziale Isolation in Schule und Alltag oder die fehlende Fähigkeit des Umfeldes, die Probleme des Kindes wahrzunehmen.

Zur Förderung rechenschwacher Kinder

Wir können an dieser Stelle keine konkreten Fördervorschläge geben, da jedes rechenschwache Kind spezielle Schwierigkeiten hat, die es gilt, individuell festzustellen und mithilfe von spezifischen Unterstützungsmaßnahmen zu überwinden[9]. Gleichwohl wollen wir andeuten, was getan werden kann, wenn ein Kind außergewöhnliche Schwierigkeiten beim Mathematiklernen hat. Diese Maßnahmen sind auch dazu geeignet, die Entstehung von Rechenschwäche zu verhindern.

Da sich nahezu jedes Denken geometrischer Stützen bedient, bietet sich die Förderung visueller Fähigkeiten mit Hilfe geometrischer Aktivitäten an, z.B. Spiegelbild spielen, Objekte nachbauen, Muster nachlegen oder fortsetzen, Papierfalten oder der Einsatz von Suchbildern (Original und Fälschung). Entsprechende Übungen sind für die motorischen und die sprachlichen Fähigkeiten sowie die Konzentrationsfähigkeit denkbar.

In Bezug auf die Mathematikangst und Mathematikmotivation gilt etwas verkürzt gesagt: Es gibt keinen Ersatz für den Erfolg! Kinder, die sich in Mathematik nichts oder wenig zutrauen, die Angst vor Mathematik haben oder die ungern Aufgaben bearbeiten, müssen erfahren, dass sie etwas können. Das bedeutet nicht, ihnen nur triviale Aufgaben vorzulegen, von denen sie wissen, dass es keine Besonderheit ist, sie lösen zu können, während andere Kinder ungleich schwierigere Aufgaben bearbeiten dürfen. Stattdessen sollte man ihnen Gelegenheit geben, das zu zeigen, was sie können. Man sollte geduldig sein, ihnen mehr zutrauen, ihr Vorgehen und Denken kompetenzorientiert wahrnehmen und ihnen ermutigende und sachbezogene Rückmeldungen geben, freilich ohne zu beschönigen.

Das gilt auch für das Klima in der Klasse und der Familie. Es sollte geprägt sein von gegenseitiger Unterstützung und Anerkennung der Leistungen der anderen. Abfällige Äußerungen oder gar das Lachen über Fehler anderer dürfen keinesfalls zugelassen werden. Um Erfolge auch für schwächere Kinder erfahrbar zu machen, kann man nicht stets von allen Kindern zum gleichen Zeipunkt dieselbe Leistung verlangen, sondern muss auch bei den Anforderungen die Leistungsmöglichkeiten des einzelnen Kindes einbeziehen (vgl. Kap. 7).

Viele engagierte Pädagoginnen gehen davon aus, dass Kinder mit besonderen Schwierigkeiten beim Mathematiklernen am besten mit ausgefeilten Programmen geholfen ist, die ihnen bis in die kleinsten Einzelheiten vorgeben, wie sie zu denken haben. Jedoch[10]:

> Solche Förderkonzepte mißverstehen kindliches Denken in doppelter Weise: Sie zerlegen sinnvolle Handlungen in isolierte Teilleistungen und versuchen, sie über kleinschrittige Übungen wieder aufzubauen, statt Grundqualifikationen des Arbeitens und Lernens zu entwickeln (…). Sie steigern die Hilflosigkeit der Kinder und ihre Abhängigkeit, indem sie den Belehrungsunterricht intensivieren (an dem diese Kinder gescheitert sind), statt ihre Kompetenzen zu nutzen und alternative Erfahrungs- und Lernmöglichkeiten anzubieten. Durch diese didaktische Brille erscheinen Kinder, die vom Durchschnitt abweichen, als Mängelwesen.

Das Lernen der Kinder, die besondere Schwierigkeiten mit dem Mathematiklernen haben, weist zwar Besonderheiten auf. Die Gesetze des Lernens sind aber keine grundsätzlich anderen. Allen Kindern sollte somit aktives Lernen und das Beschreiten eigener Lernwege möglich sein. Ihnen sollte ein Recht auf eigenes Denken zugestanden werden. So äußert sich auch der Mathematikdidaktiker Wittmann[11].

> Dass sich der Glaube an die ‚prinzipielle Abhängigkeit' rechenschwacher Kinder von kleinschrittigen Hilfsangeboten so hartnäckig gehalten hat und hält, liegt daran, dass er sich im Rahmen des belehrenden Unterrichts selbst verstärkt: Lehrerinnen und Lehrer, die Kindern ‚Wissen vermitteln' und Dyskalkulie-Therapeuten, die den Kindern fehlende Fertigkeiten ‚beibringen', machen natürlich ständig die Erfahrung, dass sie bei schwachen Kindern langsamer und kleinschrittiger vorgehen müssen, um ‚Erfolg' zu haben. …
> Auch rechenschwachen Kindern ist am besten durch einen auf Verständnis und breite Entwicklung ihrer Fähigkeiten angelegten Unterricht gedient, und diese Kinder sind dafür auch empfänglich. Tatsächlich sind diese Kinder eher ‚belehrungsschwach' als ‚lernschwach', und der … klein- und gleichschrittige Unterricht ist in Wirklichkeit für sie schädlich, weil er ihre eigenen Denkansätze unterdrückt und die Kinder stattdessen zwingt, sich an methodische Vorschriften zu halten.

Unterstützung erfahren diese Ausführungen durch eine Reihe von Untersuchungen, die die Erfolge der Konzeptionen des aktiven Lernens bei rechenschwachen Schülerinnen und Schülern dokumentieren.[12] In Analogie zur Medizin spricht Wittmann hier von einem ‚alternativen' Förderkonzept. Dort gelten diejenigen Heilmittel als besonders wertvoll, die nicht spezifisch auf ganz bestimmte Körperfunktionen wirkten, sondern auf die allgemeine Stärkung des Gesamtorganismus abzielen.

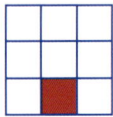

Um nicht missverstanden zu werden: Weder Wittmann noch wir sind der Meinung, besondere Lernschwierigkeiten bedürften nicht auch einer besonderen Beachtung. Aber die Förderung sollte weitestgehend im Unterricht erfolgen und das Übel an der Wurzel packen: Vorbeugen ist besser als heilen. Und wenn Förderung außerhalb der Schule stattfindet, wird sie umso erfolgreicher sein, je stärker sie an dort umgesetzte Konzepte aktiven Lernens anknüpft.

Generell ist beim Auftreten von Rechenschwäche wichtig, dass Eltern, Lehrer und ggf. herangezogene außerschulische Personen an einem Strang ziehen. Das geht nicht ohne einen umfassenden Informationsaustausch zwischen allen Beteiligten zur Entwicklung und zum Verhalten des Kindes in der häuslichen, der schulischen und der außerschulischen Umgebung.

Als erster Schritt bieten sich Beratungen zwischen der Lehrperson und den Eltern unter Einbeziehung des Kindes an. Sofern ein entsprechendes Angebot existiert, kann auch ein speziell für Rechenschwäche zuständiger Beratungslehrer eingeschaltet werden oder der Schulpsychologische Dienst. Erst wenn auf diesem Wege über einen längeren Zeitraum keine Fortschritte zu erkennen sind, sollte man an eine außerschulische Förderung denken. Lehrer und Schulpsychologische Dienste wissen in der Regel auch über die außerschulischen Fördermöglichkeiten in der jeweiligen Region am besten Bescheid. Die Schul- und Jugendämter können ebenfalls mit Adressen weiterhelfen.

Auf keinen Fall ist zu empfehlen, dass Eltern rechenschwacher Kinder – und das gilt entsprechend für alle Kinder – *ohne Rücksprache* mit den Lehrpersonen auf eigene Faust zusätzlichen Unterricht zu Hause erteilen. Sie sind in den allermeisten Fällen die denkbar schlechtesten Nachhilfelehrer ihrer eigenen Kinder. Zum einen sind sie häufig emotional zu stark beteiligt (Mein Kind kann nicht rechnen!), und dann stellen sich statt Lernfortschritten Frustration und Tränen auf beiden Seiten ein. Zum anderen besteht die Gefahr, dass sie bei ihren Erklärungen eine ungeeignete Sprache verwenden, eine zu abstrakte Denkweise voraussetzen oder unpassendes Material benutzen. Schließlich kann es passieren, dass sie dazu beitragen, Probleme noch zu vergrößern, indem sie Lerninhalte vorwegnehmen und das Kind dann in der Schule nicht mehr aufpasst.

Natürlich ist es in Einzelfällen nach wie vor sinnvoll, dass Eltern ihre Kinder unterstützen, indem sie mit ihnen ergänzend üben. Aber die hierbei verwendeten Aufgaben, das eingesetzte Material oder die eingeschlagenen Lösungswege sollten unbedingt mit der Lehrperson abgesprochen worden sein.

Ein gewisses Maß an Vorsicht ist bei privaten Nachhilfeinstituten oder Therapeuten für Rechenschwäche geboten. Wir empfehlen zwar nicht, diese Einrichtungen grundsätzlich zu meiden. Aber es gibt nach Aussagen von Experten eine Reihe von Instituten, bei denen notdürftig geschultes Personal mit fragwürdigen und langfristig nicht erfolgreichen Methoden ein mehr oder weniger einheitliches Standardprogramm für alle Kinder abspult.

Die Kosten für eine Therapiestunde sind keineswegs gering. Das bedeutet, dass bei einer Stunde pro Woche in einem oder zwei Jahren, die häufig benötigt werden, ein ziemlicher Geldbetrag aufgewendet werden muss. Sofern eine diagnostizierte Rechenschwäche schwere seelische Beeinträchtigungen nach sich zu ziehen droht, können diese Kosten auch vom Jugendamt übernommen werden (§ 35a Kinder- und Jugendhilfegesetz).

Man sollte aber auch wissen, dass es keine verbindlichen Standards und keine akademische Ausbildung zum Rechenschwäche-Therapeuten gibt, bei der die relevanten Bezugswissenschaften in einem zusammenhängenden Konzept integriert sind. Das bedeutet letztendlich, dass auch Personen ohne jegliche nachgewiesene Qualifikationen solche Institute eröffnen können. Es bleibt zu hoffen, dass hier unverzüglich Standards für außerschulische Therapieeinrichtungen und deren Personal eingeführt werden. Deren Qualität kann man u. a. daran erkennen, wie sensibel der Therapeut das Mathematiklernen eines Kindes mit seinen Kompetenzen und Defiziten beschreibt und inwieweit die Fördervorschläge konkret auf Mathematik bezogen sind. Das Förderprogramm sollte also nicht nur die ‚Schulung der visuellen Wahrnehmungsfähigkeit' vorsehen, sondern ganz wesentlich auch spezifische Aktivitäten wie zum Beispiel ‚Arbeit mit der russischen Rechenmaschine zur Schulung der strukturierten Zahlauffassung im Zahlenraum bis 100'. Dabei ist nicht die Anzahl der Übungsaufgaben wichtig, sondern deren auf die spezifischen Bedürfnisse des jeweiligen Kindes abgestimmte Qualität.

Links: pikas.dzlm.de/999; mathe-sicher-koennen.dzlm.de; mahiko.dzlm.de

DAS WICHTIGSTE KOMPAKT

→ Einseitige Erklärungsmuster können dauerhafte Schwierigkeiten beim Erlernen des Rechnens nicht erklären, denn bislang konnten keine Ursachen identifiziert werden, die eine Rechenschwäche zwangsläufig zur Folge haben. Individuelle, didaktische und familiär-soziale Risikofaktoren tragen in ihrem Zusammenwirken in der Regel dazu bei, dass sich eine Rechenschwäche zeigt.

→ Da es keine allgemein anerkannte Definition und kein generell akzeptiertes Testinstrumentarium für ‚Rechenschwäche' gibt, bietet es sich an, diese anhand von Merkmalen zu beschreiben. Für sich allein genommen bedeuten die folgenden fünf Hauptmerkmale aber nicht unbedingt das Vorhandensein von ernsthaften Schwierigkeiten: Verfestigung des zählenden Rechnens, Unsicherheiten bei der Rechts-Links-Unterscheidung, Übersetzungprobleme zwischen verschiedenen Darstellungen, Auffassung von Mathematik als bedeutungsloses Regelwerk, geringes Selbstvertrauen.

→ Die Förderung rechenschwacher Kinder sollte in enger Zusammenarbeit zwischen Schule und Elternhaus erfolgen. Erst wenn sich hierbei über einen längeren Zeitraum keine Erfolge zeigen, sollte man an eine außerschulische Förderung denken. Hierbei ist ein gewisses Maß an Vorsicht geboten, denn es gibt noch keine verbindlichen Standards und keine akademische Ausbildung zum ‚Rechenschwäche-Therapeuten'.
Institute können auch von Personen eröffnet werden, die nicht für dieses Gebiet qualifiziert sind.

KAPITEL 9

Warum Matilda von ihrem Vater als Lügnerin und Betrügerin bezeichnet wird, obwohl sie richtig rechnet

BEISPIEL

Der Vater von Matilda wollte eines Abends den Verdienst ausrechnen, den er durch den An- und Verkauf von fünf Autos hatte. Er diktierte die Preise seinem Sohn, die dieser auf ein Blatt Papier schrieb.

„Sehr gut", fuhr der Vater fort, „jetzt rechne dir den Profit aus, den ich bei jedem der fünf Wagen gemacht habe, und addiere dann die Gesamtsumme. Dann kannst du mir nämlich sagen, wieviel Geld dein ziemlich kluger Vater heute insgesamt zusammengescharrt hat."

„Das ist aber eine ganze Masse", bemerkte der Junge.

"Natürlich ist das eine ganze Masse", antwortete der Vater, "aber wenn du groß im Geschäft bist wie ich, dann mußt du auch flink in Arithmetik sein. Ich hab praktisch einen Computer in meinem Kopf. Ich hab nicht mal zehn Minuten gebraucht, um das alles auszurechnen."

„Willst du damit sagen, daß du es im Kopf ausgerechnet hast, Vati?" fragte der Sohn und riß die Augen auf.

„Na, nicht ganz", sagte der Vater, „das schafft keiner. Aber lange hab ich nicht gebraucht. Wenn du fertig bist, dann sag mir, was ich deiner Meinung nach heute verdient habe. Ich hab die Endsumme hier aufgeschrieben, und ich werde dir sagen, ob du richtig gerechnet hast."

Matilda sagte ganz ruhig: „Vati, du hast genau insgesamt viertausenddreihundertunddrei Pfund und fünfzig Pence verdient."

„Misch dich nicht ein", sagte der Vater, „dein Bruder und ich sind mit der Hochfinanz beschäftigt."

„Aber Vati…"

„Halt die Klappe", sagte der Vater, „hör auf herumzuraten und dich aufzuspielen."

„Schau doch auf deinen Zettel, Vati", sagte Matilda sanft, „wenn du richtig gerechnet hast, müßte das stehen: viertausenddreihundertunddrei Pfund und fünfzig Pence. Hast du das auch rausgekriegt, Vati?"

Der Vater warf einen Blick auf den Zettel in seiner Hand. Er schien zu erstarren. Er wurde ganz still. Tiefes Schweigen herrschte. Dann sagte er: „Wiederhole das noch einmal."

„Viertausenddreihundertunddrei Pfund", sagte Matilda.

Abermals ein tiefes Schweigen. Das Gesicht des Vaters begann dunkelrot anzulaufen.

„Ich bin sicher, daß es stimmt", sagte Matilda.

„Du – du kleine Schwindlerin!" schrie der Vater plötzlich und zeigte mit dem Finger auf sie. „Du hast auf meinen Zettel geguckt! Du hast das abgelesen, was ich mir hier aufgeschrieben habe!"

„Vati, ich bin in der anderen Hälfte des Zimmers", sagte Matilda, „wie hätte ich das denn sehen können?"

„Red dich jetzt nicht raus!" rief der Vater. „Natürlich hast du geguckt. Kein Mensch auf der Welt könnte das einfach so ausrechnen, besonders kein Mädchen. Du bist eine kleine Betrügerin, meine Dame, das will ich dir mal sagen! Ja, das kannst du – lügen und betrügen."

In jeder Klasse gibt es nicht nur Schüler, die dauerhafte Schwierigkeiten mit dem Lernen haben, sondern auch solche, denen dieses stets leicht fällt. Da sie die an sie gestellten Leistungsanforderungen häufig erfüllen, gibt es scheinbar keinen Grund, speziell auf sie einzugehen. Dabei verdienen auch die leistungsstarken Kinder besondere Beachtung.

Das vorangegangene Beispiel entstammt dem Buch *Matilda* von Roald Dahl[1].

Matilda ist ein – zugegebenermaßen – extremes Beispiel dafür, dass überdurchschnittliche Leistungen von Kindern nicht immer angemessen gewürdigt und auch nicht hinreichend gefördert werden. Manche dieser Kinder arrangieren sich mit der ‚intellektuellen Diät', auf die sie zu Hause und in der Schule gesetzt werden. Andere ertragen die permanente Unterforderung und die damit einhergehende Langeweile nicht und werden zu Außenseitern, zu Störern, zu Klassenclowns oder gar zu Leistungsverweigerern oder gar Leistungsversagern, ganz so wie Felix (vgl. nebenstehendes Beispiel).[2]

Leistungsstärke in Mathematik

In den letzten Jahren hat im Zusammenhang mit besonderer Leistungsstärke der Begriff der Hochbegabung Eingang in die Diskussion gefunden. Hier wird nicht selten der sogenannte Intelligenzquotient (IQ), den man mithilfe von speziell für Kinder konzipierten Intelligenztests erheben kann, als das zentrale Kriterium herangezogen.

BEISPIEL

Im Mathematikunterricht fällt vor allem auf, dass Felix Problemstellungen meist sehr schnell erfasst und dass er oft zügig originelle Lösungsansätze entwickeln kann. Im täglichen Schulunterricht langweilt er sich häufig, weil er unterfordert ist. Der Verdammung zur Inaktivität entzieht er sich, indem er sich eigene Erlebnisbereiche verschafft. Er liest unter der Bank Sachbücher zur Geschichte, zur Geographie und zur Biologie, er knobelt an selbst erfundenen Aufgaben oder entwirft Comicfiguren. Den Unterrichtsstoff bewältigt er nebenbei. Felix kann seine eigenen Leistungspotenzen relativ gut einschätzen. Er weiß, dass er seinen Mitschülern intellektuell überlegen ist. Der Junge leidet darunter, dass er seine Fähigkeiten im Unterricht selten zeigen kann und dass er weder von seiner Lehrerin noch von den Mitschülern eine seines Erachtens angemessene Wertschätzung erhält. Für die anderen Jungen der Klasse hat der Sport, insbesondere das Fußballspiel, den höchsten Stellenwert. Für dieses Hobby interessiert sich Felix aber nicht, und so kann er unter den Jungen nicht mitreden. Felix ist zudem körperlich kleiner und schwächer als die meisten anderen Jungen seiner Klasse. Um aus der von ihm ‚zum Verzweifeln' empfundenen Situation herauszukommen, entwickelte er nun die Strategie, im Unterricht den Klassenclown zu spielen. Er wollte durch witzige Zwischenrufe auf sich aufmerksam machen und die Anerkennung seiner Mitschüler gewinnen. Seine Strategie ging jedoch nicht auf. Von der Lehrerin wurde er wegen seines ‚vorlauten und frechen Verhaltens' gerügt, seine Mitschüler reagierten mit Unverständnis und werteten sein Auftreten als überheblich. Somit blieben Felix' Signale unverstanden, und er entwickelte allmählich eine oppositionelle Haltung gegenüber der Schule. Auch das Verhältnis zu den Kindern seiner Klasse verschlechterte sich. Zudem droht Felix' ursprünglich vorhandenes großes Interesse für mathematische Knobeleien ins Gegenteil, in Desinteresse, umzuschlagen, da die Beschäftigung mit Mathematik für ihn die als langweilig empfundene Schulmathematik bedeutet.

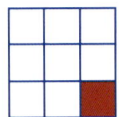

Kinder mit einem IQ von 130 und mehr werden als hochbegabt angesehen. Generell wird angenommen, dass 2% bis 3% aller Kinder diesem Kriterium genügen. Dass würde bedeuten, dass sich rechnerisch in nahezu jeder Klasse ein solches Kind befindet.

Hochbegabung ist jedoch ein zu komplexes Phänomen, als dass man es ausschließlich oder vorrangig am IQ festmachen könnte. Sie ist auf ein Wirkungsgeflecht von Faktoren zurückzuführen und äußert sich in vielfältiger Hinsicht.[3] Aber Vorsicht: Nicht jedes Kind, das leistungsstark ist, ist hochbegabt. Und nicht jedes hochbegabte Kind ist auch leistungsstark.

Im Mittelpunkt unserer weiteren Ausführungen stehen nicht die Ausnahmefälle mathematisch hochbegabter Grundschulkinder mit den vielschichtigen Problemen bei der Begabungsdiagnose und angemessenen individuellen Förderung. Hierzu verweisen wir auf die einschlägigen Elternratgeber.[4]

Wir befassen uns im Folgenden mit denjenigen Kindern, für die ein Mathematikunterricht, der sich ausschließlich an der durchschnittlichen Leistungsfähigkeit der Klasse orientiert, eine Unterforderung darstellt. Wie die leistungsschwachen sind auch die leistungsstarken Kinder keine homogene Gruppe. Die folgenden Ausführungen sollten daher wie diejenigen des vorangehenden Abschnitts als grundlegende Informationen verstanden werden, nicht als konkrete Hilfen bei bestimmten Fällen.[5]

Merkmale von Leistungsstärke

Was Leistungsstärke ist, hängt natürlich stark davon ab, was man als Leistung bezeichnet. Für uns beschränkt sich mathematische Leistungsstärke nicht nur auf hervorragende Rechenfertigkeit. Im Sinne eines breiten Mathematikverständnisses, das Kenntnisse, Fertigkeiten, Fähigkeiten und Einstellungen umfasst, geht sie weit darüber hinaus, so wie es auch an dem Beispiel von Ron (s. S. 101) deutlich werden kann.[6]

In der Beschreibung von Ron kommen einige der typischen Merkmale zum Ausdruck, die leistungsstarke Kinder auszeichnen. Der Mathematikdidaktiker Käpnick benennt zum einen ‚begabungsstützende allgemeine Persönlichkeitseigenschaften'[7], wie etwa …

→ hohe geistige Aktivität
→ intellektuelle Neugier
→ Anstrengungsbereitschaft
→ Freude am Problemlösen
→ Konzentrationsfähigkeit
→ Beharrlichkeit
→ Selbstständigkeit
→ Kooperationsfähigkeit.

Außerdem führt er sechs mathematikspezifische Begabungsmerkmale an, die wir im Weiteren kurz erläutern wollen.[8]

Fähigkeit zum Speichern mathematischer Inhalte im Kurzzeitgedächtnis

Leistungsstarke Kinder sind in der Lage, mathematische Sachverhalte leicht im sogenannten Kurzzeitgedächtnis zu speichern, indem sie

BEISPIEL

Rons besonderes Interesse für Mathematik zeigte sich schon ab seinem 3. Lebensjahr. Seitdem ist er von Zahlen fasziniert. Das Vorwärtszählen lernte er schnell und betrieb es immer wieder mit Leidenschaft. Während im Kindergarten andere Kinder im Sandkasten spielten, zog er es oft vor, sich allein auf eine Bank zu setzen und unentwegt zu zählen. Am Ende merkte er sich die jeweils letzte Zählzahl und zählte beim nächsten Mal von dieser Zahl ab weiter. Bis zum Ende seiner Kindergartenzeit kam Ron auf diese Weise bis zu einer sechsstelligen Zahl.

Als er in die 1. Klasse kam, konnte er schon einen großen Teil der Lehrplananforderungen für das 1. Schuljahr bewältigen. Teilweise beherrschte er auch schon Inhalte des 2. und des 3. Schuljahres. Seit dem Grundschulalter ist sich Ron sicher, das er als Erwachsener den Beruf des Mathematikers ausüben will.

Wenn im Mathematikunterricht anspruchsvolle Problemaufgaben gelöst werden, zeigt Ron sein erstaunliches mathematisches Leistungspotenzial. Während sich andere Kinder noch um das Verstehen der Aufgabenbedingungen bemühen, hat Ron meist schon eine oder mehrere erfolgreiche Lösungsstrategien probiert. Ihm gelingt es schon in der ersten Phase der Informationsaufnahme einer mathematischen Aufgabe wesentliche Strukturen zu erkennen und Beziehungen zu Bekanntem herzustellen.

```
 1  2  3  4  5  6  7
 8  9 10 11 12 13 14
15 16 17 18 19 20 21
22 23 24 25 26 27 28
29 30 31
```

Wie groß ist die Summe aller 9 Zahlen des eingezeichneten Feldes?
Wie kann man diese Summe möglichst leicht ermitteln?

Selbstständig und schnell entwickelt er dann in fast allen Fällen richtige und zum Teil auch anspruchsvolle Lösungsideen. Dabei kommt es ihm sicher auch zugute, dass er sich außerhalb des Unterrichts intensiv mit Mathematik beschäftigt.

mathematische Strukturen ausnutzen. Bei der Zahlenfolge 19, 10, 9, 1, 8 beispielsweise neigen sie eher als andere Schüler dazu, diese Zahlen nicht auswendig zu lernen, sondern sich diese unter Ausnutzung der Zahlbeziehungen 19 − 10 = 9; 10 − 9 = 1; 9 − 1 = 8 zu merken. Dadurch gelingt es leistungsstarken Kindern schon in der Phase der Informationsaufnahme, sich mehr Sachverhalte und diese in einer größeren Beziehungshaltigkeit einzuprägen.

Mathematische Fantasie

Leistungsstarke Kinder pflegen – so Käpnick – eher als andere Kinder einen leichten, spielerischen Umgang mit Zahlen und Formen und entwickeln mit größerer Wahrscheinlichkeit fanta-

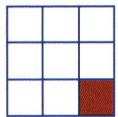

siereiche und originelle Vorgehensweisen. Legte man ihnen die Zahlenfolge 2, 4, 6, 8 vor und bäte sie, diese fortzusetzen, so würden diese mit geringerer Wahrscheinlichkeit als ihre Mitschüler die Zahlen 10, 12, 14 usw. hinzufügen. Stattdessen würden sie andere Möglichkeiten (zusätzlich) entwerfen, etwa 1, 3, 7, 9 (auch hier ergeben die 1. und die 4. sowie die anderen beiden Zahlen zusammengezählt 10), oder 11, 13, 15, 17, 19 (zwischen 1 und 10 die geraden Zahlen, zwischen 10 und 20 die ungeraden) oder 1, 3, 5, 7, 9 (zunächst die geraden, dann die ungeraden Zahlen) oder 8, 6, 4, 2 („Wieder rückwärts").

Fähigkeit im Strukturieren mathematischer Inhalte
Leistungsstarke Kinder sind eher in der Lage, Zusammenhänge zwischen Zahlen oder anderen mathematischen Objekten zu entdecken und ihre Entdeckungen darzustellen. Lesen Sie, welche Besonderheiten leistungsstarke Dritt- und Viertklässler für dieses Zahlendreieck formulierten.[9]

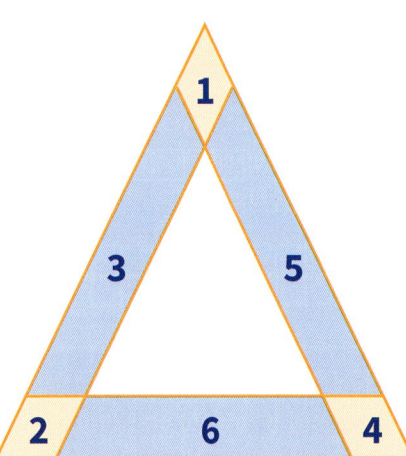

→ Wenn man die beiden Eckzahlen einer Dreiecksseite addiert, erhält man stets die mittlere Zahl der Dreiecksseite als Summe.
→ Addiert man zu einer Eckzahl einer Dreiecksseite die mittlere Zahl der gegenüberliegenden Dreiecksseite, dann erhält man stets die gleiche Summe (hier: 7).
→ Die Summe der drei Eckzahlen ist stets gleich der Summe aus der Zahl einer Ecke und der mittleren Zahl von der der Ecke gegenüberliegenden Seite.
→ Im Dreieck ist die Summe der drei mittleren Zahlen doppelt so groß wie die Summe der drei Eckzahlen.
→ Auf der unteren Dreiecksseite sind drei gerade Zahlen, die oberen drei Zahlen sind ungerade Zahlen.
→ Wenn man alle drei Zahlen einer Dreiecksseite addiert, erhält man stets eine gerade Zahl.
→ Im Dreieck ist die Summe der beiden links gelegenen Zahlen 5, die Summe der beiden in der Mitte liegenden Zahlen 7, und die Summe der beiden rechten Zahlen beträgt 9. Die Summen ergeben – von links nach rechts gelesen – eine Folge von ungeraden Zahlen: 5, 7, 9.
→ Die Differenz der beiden unteren Eckzahlen ist gleich der Differenz der beiden darüber liegenden mittleren Zahlen (hier: 2).
→ Die Summe der beiden unteren Eckzahlen ist 6, die aus der 3. Eckzahl und der mittleren Zahl der unteren Dreiecksseite ist 7, die Summe der beiden restlichen mittleren Zahlen ist 8. Die drei Summen vergrößern sich jeweils um 1.

Fähigkeit zum selbstständigen Transfer erkannter Strukturen: Leistungsstarke Kinder sind offensichtlich eher in der Lage, erkannte Auffälligkeiten auch auf verwandte Aufgaben zu übertragen. Denken Sie an die Zahlenmauern (vgl. Kap. 5 und 6). Eine Aufgabe bestand darin, viele Dreiermauern mit dem Deckstein 20 zu finden. Leistungsstarke Schüler machen sich dabei eher als andere Schüler die Erkenntnis zunutze, dass im Deckstein die Summe der beiden Außenzahlen plus dem Doppelten der Mittelzahl steht. Andere Schüler versuchen häufig, passende Zahlen durch Ausprobieren zu finden.

Fähigkeit zum selbstständigen Wechseln zwischen verschiedenen Darstellungen und zum Umkehren von Gedankengängen
Starke Schüler sind besser in der Lage, bildliche und symbolische Darstellungen miteinander zu verknüpfen. Stellt man ihnen beispielsweise die Aufgabe, wie viele Kreise das nächste, das überüchste oder das 30. Quadrat enthalte, so könnten sie relativ mühelos zwischen Bild und zugehöriger Rechenaufgabe hin- und herübersetzen.

Auch innerhalb einer Darstellungsebene können sie leichter wechseln, z.B. zwischen Quadratzahl (4 · 4) und Summe (1 + 3 + 5 + 7). Auch die Umkehrung eines Gedankenganges können sie besser leisten, in diesem Beispiel etwa die zugehörige Plusaufgabe für die Quadratzahl 144 finden.

Mathematische Sensibilität
Der Begriff ‚mathematische Sensibilität' lässt sich, so Käpnick, nur schwer definieren. Nichtsdestotrotz sei er als Merkmal mathematischer Begabung von Bedeutung und meine ein gewisses Feingefühl für Zahlen, Zahlbeziehungen, für geometrische Formen und Muster bzw. Strukturen. Sollen sie beispielsweise die Summe 150 + 245 + 532 + 355 + 168 berechnen, ‚sehen' sie leichter als andere Schüler, dass man 245 und 355 zu 600 und 532 und 168 zu 700 zusammenfassen kann. So fällt die Berechnung der Gesamtsumme leichter, als jede Zahl von links nach rechts einzeln hinzuzuzählen.

Die angegebenen sechs Merkmale können natürlich von Kind zu Kind unterschiedlich ausgeprägt sein. Es gibt Kinder, die beispielsweise gut strukturieren können, aber eine durchaus nur durchschnittliche mathematische Fantasie an den Tag legen. Auch ist zu beachten, dass mathematisch leistungsstarke Kinder nicht unbedingt auch in anderen Bereichen überdurchschnittliche Leistungen zeigen müssen. Leistungsstärke kann durchaus bereichsspezifisch auftreten.

Gute ‚Mathematiker' können ohne weiteres Schwierigkeiten beim Erlernen des Lesens und Schreibens aufweisen. Sind viele der genannten Merkmale im Grundschulalter nachweisbar, so bedeutet das schließlich keineswegs, dass diese Kinder im Jugend- oder Erwachsenenalter gute Mathematiker werden müssen. Aber sie besitzen das Potenzial dazu, und das gilt es zu pflegen.

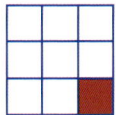

Mögliche Ursachen von Leistungsstärke

Mathematische Leistungsstärke kann vielerlei Gründe haben. Normalerweise bilden mehrere Ursachenfelder ein Wechselwirkungsgeflecht. Sie beeinflussen und verstärken sich gegenseitig. Auch sind in der Regel nicht alle Faktoren gleichermaßen beteiligt, sondern je nach Kind sind unterschiedliche Gewichtungen zu verzeichnen.[10] Dabei lassen sich drei Erklärungsansätze unterscheiden:
→ Begabung ist erblich bedingt.
→ Begabung wird durch Umwelteinflüsse vom ersten Lebenstag an erzeugt.
→ Begabung entsteht durch das Zusammenwirken von Anlagen und Umwelt.

Da Begabung – wie im Übrigen auch das Lernen – ein hoch komplexes Phänomen ist, das durch einseitig genetisch oder umwelttheoretisch angelegte Erklärungen nicht angemessen erfasst werden kann, wird heute von Wissenschaftlern das dritte, interaktionistisch genannte Modell herangezogen.
Dieses deckt sich auch mit den Ansätzen, die Rechenschwäche durch ein vielfältig miteinander vernetztes und individuell unterschiedlich ausgeprägtes Bündel von Faktoren zu erklären versuchen, die im vorangehenden Kapitel zu drei großen Gruppen zusammengefasst wurden: individuelle, didaktische und familiär-soziale Rahmenbedingungen. Kurz gesagt, können die günstigen Ausprägungen der dort negativ formulierten Merkmale wesentlich zur Entstehung von Leistungsstärke beitragen. Wie auch bei den Ausführungen zur Rechenschwäche ist aber auch hier zu bedenken, dass die angeführten Merkmale einerseits deren Ursachen, andererseits aber auch deren Folgen sein können – oft vermutlich beides.

Bei den *individuellen Unterstützungsfaktoren* wäre da etwa zu denken an Vertrauen in die eigene mathematische Leistungsfähigkeit oder hohe Motivation und Frustrationstoleranz. Unter den *didaktischen Faktoren* kann man beispielsweise herausfordernde Aufgabenstellungen oder ein ausgeprägtes Interesse der Lehrperson an der individuellen Förderung der Kinder verstehen. Als günstige *familiäre oder soziale Faktoren* können etwa systematische Erziehung zur Selbstständigkeit oder ein anregungsreiches Familienumfeld gelten.

Zur Förderung leistungsstarker Kinder

Liegt eine umfassende Leistungsstärke vor und erscheint es aufgrund der Entwicklung der Gesamtpersönlichkeit der Kindes möglich und angesichts seines körperlichen und psychischen Entwicklungsstandes sinnvoll, dann sollte man mit der Lehrerin besprechen, inwieweit das Überspringen einer Klasse sinnvoll ist. In Deutschland gibt es aber auch schon – neben Reformschulen wie Peter Petersen oder der Bielefelder Laborschule – Modelle des Lernens in einer heterogenen Lerngruppe, auch mit unterschiedlicher Verweildauer.[11]

Ergänzend bietet sich eine Reihe von Maßnahmen an, nämlich die besondere Förderung innerhalb der Klasse, in Klassen übergreifenden oder schulübergreifenden Gemeinschaften (Förderstunden, AGs) bzw. in außerschulischen Kontexten (Elternhaus, Mathe-Club in Analogie zum Sportverein).

Was die Auswahl der Inhalte und der Aufgaben anbelangt, so scheinen im Wesentlichen drei Modelle denkbar zu sein:

Vorwegnahme:
Die Kinder befassen sich mit Inhalten und Aufgaben, die für sie eigentlich noch nicht vorgesehen sind.

> **BEISPIEL**
>
> Die Kinder in Tims Klasse rechnen bis 20. Tim kann bereits Aufgaben wie 235 + 342 richtig ausrechnen. Die Lehrerin verbietet ihm das nicht, regt aber die Weiterentwicklung seiner Rechenkompetenz im Zahlenraum bis 1000 (und darüber hinaus) auch nicht besonders an, weil sie weiß, dass eine bewusste Vorwegnahme von Lerninhalten zu einer Verlagerung und gegebenenfalls zu einer Verschärfung des Unterforderungsproblems in den folgenden Schuljahren führen kann.

Verlagerung
Inhalte und Aufgaben, die nicht zum Kern des herkömmlichen Schulstoffs gehören und anregungsreich sind, werden behandelt.

> **BEISPIEL**
>
> Die Drittklässlerin Sandra beherrscht bereits zu Beginn des Schuljahres dessen gesamten Stoff. Während die anderen Kinder das Rechnen mit großen Zahlen üben, befasst sie sich mit Knobelaufgaben der folgenden Art: Zu einer Geburtstagsparty kommen fünf Personen. Jede Person stößt einmal mit jeder anderen Person an. Wie oft klingen die Gläser? Wie oft klingen sie, wenn 6 (7, 8 usw.) Personen kommen?

Probieren Sie es selbst aus! Nicht nur auf dem Papier!

Vertiefung
Inhalte und Aufgaben, die im normalen Unterricht von allen Kindern behandelt werden, werden mit neuen, nicht für alle verpflichtenden Fragestellungen versehen.[12]

> **BEISPIEL**
>
> Im 2. Schuljahr werden die Zahlenmauern (vgl. Kap. 5 und 6) behandelt. Die meisten Kinder rechnen vorgegebene Dreiermauern aus, erfinden selbst welche oder untersuchen, was passiert, wenn die Zahl in einem der Basissteine um 1 erhöht wird. Claudio beschäftigt sich mit der Aufgabenstellung, wie viele Dreiermauern es gibt, bei denen der obere Stein die 100 trägt.

Man sollte allerdings bedenken, dass eine solche Vertiefung bisweilen auch eine Vorwegnahme sein kann, wenn nämlich die Kinder sich im 3. Schuljahr auch mit dieser Problemstellung auseinander setzen sollen.

Alle drei Modelle haben ihre spezifischen Stärken und Schwächen. Es gibt keinen Königsweg. Jedoch plädieren wir für eine weitestmögliche Förderung im Rahmen gemeinsamer Aufgaben, die ausgehend von einem für alle Kinder zugänglichen Anfangsproblem im Weiteren dann auf unterschiedlichen Niveaus behandelt werden. Auch das Behandeln anderer Inhalte aus dem Nicht-Standardstoff erscheint uns sinnvoll zu sein.[13]

Link: pikas-kompakt.dzlm.de/node/34

DAS WICHTIGSTE KOMPAKT

→ **Leistungsstarke Kinder haben dasselbe Recht auf Förderung wie leistungsschwächere Kinder. Da sie jedoch im Unterricht häufig nicht besonders auffällig sind, unterbleibt dieses manchmal. Aber Vorsicht: Nicht jedes Kind, das seinen Eltern besonders begabt erscheint, ist es auch.**

→ **Wesentliche Merkmale von Leistungsstärke, die für sich allein genommen noch keine besondere Begabung für Mathematik bedeuten, sind neben allgemeinen Faktoren (wie Anstrengungsbereitschaft oder Freude am Problemlösen) mathematikspezifische Merkmale wie Fähigkeit zum Speichern mathematischer Inhalte, mathematische Fantasie und Sensibilität, Fähigkeiten zum Strukturieren mathematischer Inhalte, zum Transfer selbst erkannter Strukturen, zum selbstständigen Wechseln von Darstellungsformen und zum Umkehren von Gedankengängen.**

→ **Die Vorwegnahme von Inhalten der kommenden Schuljahre ist eine zur Förderung nur eingeschränkt zu empfehlende Maßnahme, da das Problem der Unterforderung nur verschoben wird. Sinnvoller erscheint eine Verlagerung der Aktivitäten in Bereiche, die nicht zum normalen Schulstoff gehören, sowie eine Vertiefung der Inhalte und Aufgaben, die im Unterricht von allen Kindern bearbeitet werden.**

Nachwort

Auf den ersten Seiten unseres Buches haben wir Reaktionen von Kindern auf die so genannten Kapitänsaufgaben beschrieben. Dabei hatte es zunächst den Anschein, als hätten sie beim Betreten des Schulgebäudes ihren Verstand abgegeben. Bei genauerem Hinsehen konnte man jedoch erkennen, dass die Dinge anders lagen, als man im ersten Moment vielleicht vermutete. Viele Kinder gingen aus ihrer Sicht durchaus vernünftig vor.

Die Kapitänsaufgaben sind in unseren Augen aussagekräftige und überzeugende Beispiele dafür, dass es lohnt, die Sichtweisen der Kinder einzunehmen und von ihnen als Erwachsene lernen zu wollen. Der Lohn ist nach unserer Erfahrung reichhaltig – für beide Seiten.

Auf den letzten Seiten unseres Buches geben wir daher noch ein letztes Beispiel. Gegen Ende des Schuljahres wurde Erstklässlern folgende Aufgabe gestellt:

„Zu einem Elternabend kommen 81 Eltern. Es können immer 6 Eltern an einem Tisch sitzen. Wie viele Tische werden benötigt?"

Diese Aufgabe war aus mehreren Gründen eine sogenannte ‚Überforderungsaufgabe'.

- → Die Schülerinnen und Schüler rechneten zu diesem Zeitpunkt nur bis zur Zahl 20.
- → Weder Multiplikation noch Division waren im Unterricht durchgenommen worden.
- → Selbst wenn dieses der Fall gewesen wäre: Es handelte sich um eine Aufgabe ‚jenseits' des sogenannten kleinen Einmaleins und
- → um eine Geteiltaufgabe mit Rest.

In der überwiegenden Zahl der Fälle verstanden die Kinder diese ‚Überforderung' als Herausforderung und entwickelten interessante und lehrreiche Lösungsansätze.

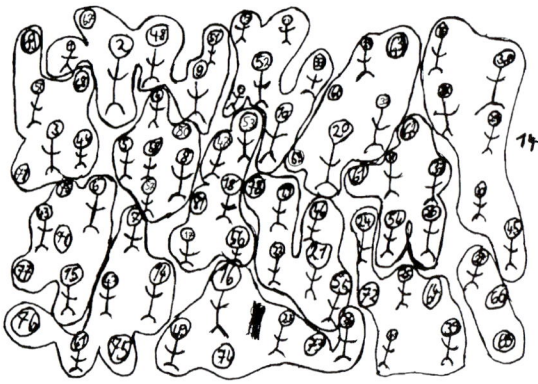

Stefan

Stefan beispielsweise zeichnete 81 Eltern, zunächst als Strichmännchen, später nur noch als Kreise, die deren Köpfe darstellten. Diese nummerierte er von 1 bis 81 durch, bevor er jeweils sechs von ihnen einkreiste. So erhielt er 13 Gruppen mit jeweils sechs Eltern sowie eine Gruppe

$75 - 6 = 69$
$69 - 6 = 63$
$63 - 6 = 57$
$57 - 6 = 51$
$51 - 6 = 45$
$45 - 6 = 39$
$39 - 6 = 33$
$33 - 6 = 27$
$27 - 6 = 21$
$21 - 6 = 15$
$15 - 6 = 9$
$9 - 6 = 3$

Patty

Wir brauchen 14 Tische

mit drei Personen. Das Ergebnis 14 notierte er schließlich rechts neben seiner Zeichnung.

Patty fertigte keine Zeichnung an, sondern subtrahierte fortlaufend 6 – zunächst berechnete sie 81 – 6 im Kopf; die weiteren Rechnungen dokumentierte sie auf ihrem Blatt. So gelangte sie zu dem Resultat „14 Tische".

Es gab auch einige Kinder, die nicht die erwartete Lösung 14 angaben. Max beispielsweise zeichnete Sechsertische und schrieb die Anzahl der jeweils berücksichtigten Eltern als Merkzahl auf (6, 12, 18 …). Er ermittelte die Anzahl der Tische und sagte, man bräuchte 13 Tische.

Einen Moment lang schien es, als hätte er das Problem nicht richtig verstanden, weil er ja die falsche Lösung 13 angab. Die drei Eltern, die übrig blieben, mussten schließlich auch berücksichtigt werden.

Die anderen Kinder setzten diese an einen neuen, den 14. Tisch. Max hingegen dachte einen Moment nach. Schließlich schrieb er: *3 Eltern müssen stehen*.

Danke Max!

Und danke Patty, Stefan, Ron, Felix I., Matilda, Ralf, Anna, Bernd, Maximilian, Felix II., Robert, Lisa, Patrick, Saskia, Leonie, Eike, Lennart, Simone, Annika, Amanda, Malte, Nadine, Marc-André, Stepha-

3 Eltern müssen stehen Max

nie, Katrin, Simone, Manuela, Patrizia, Kristina, Timo, Fabian, Boris, Sven, Lina, Sarah, Julia, Dennis, Sebastian und all die Ungenannten!
Wir haben viel von euch gelernt.

Eine Reihe von Personen hat die Entwürfe unseres Buches kommentiert und so wesentlich zu dessen Weiterentwicklung beigetragen. Ohne ihre Mithilfe wäre das Buch nicht das, was es ist. Wir danken daher Uwe Brinkmann, Andrea Budde, Reinhard Forthaus, Verena Garleff, Mechthild Goldstein, Günter Krauthausen, Anke Leitzgen, Gudrun Malik, Doris Opfer, Max Röthlisberger, Hubertus Rollfing, Ulrike Rostek, Markus Sack, Petra Scherer, Bernadette Thöne, Wend Werner und Erich Ch. Wittmann.

Für die Gestaltung und die redaktionelle Betreuung danken wir Beate Franck-Gabay und Christine Stadler herzlich.

Ganz besonders danken wir schließlich unseren Ehefrauen Jule Spiegel und Beate Sundermann, die uns bei unserer gemeinsamen Arbeit in vielfältigster Hinsicht beeinflusst und unterstützt haben. Ohne sie gäbe es dieses Buch sicherlich nicht.

Anmerkungen und Literaturhinweise

Götze, D., Selter, Ch. & Zannaetin, E. (2019): Das Kira-Buch. Kindern rechnen anders. Hannover: Klett/Kallmeyer

Zum Geleit
1 © imago images/Stefan Schmidbauer

Kapitel 1
1 Vgl. Selter, Christoph & Hartmut Spiegel (1997): Wie Kinder rechnen. Leipzig: Klett, Seite 30–36.
2 Radatz, Hendrik (1983): Untersuchungen zum Lösen eingekleideter Aufgaben. In: Journal für Mathematik-Didaktik. Heft 3, Seite 205–217.
3 Die Zeichnung und die Beispiele verdanken wir Bernhard Keller und Markus Brandenberg. Vgl. auch Keller, Bernhard & Markus Brandenberg (1999): Kapitänsaufgaben in Bildern. In: Die Grundschulzeitschrift. Heft 126, Seite 54–55.

Kapitel 2
1 © SeyooArt/Shutterstock.com
2 Für weitere Beispiele vgl. Selter/Spiegel (1997).
3 Vgl. Selter, Christoph: Zur Fiktivität der Stunde Null im arithmetischen Anfangsunterricht. In: Mathematische Unterrichtspraxis, Heft 2. 1995, Seite 11–19.
4 Vgl. z. B. die Übersicht in Selter, Christoph: Schwerpunkte grundschulrelevanter mathematikdidaktischer Forschung und Entwicklung. In: Brügelmann, Hans/Fölling-Albers, Maria/Richter, Sigrun (Hrsg.): Jahrbuch Grundschule. Friedrich, Seelze 1998, Seite 80–111, oder Schipper, Wilhelm: Schulanfänger verfügen über hohe mathematische Kompetenzen. Auseinandersetzung mit einem Mythos. In: Peter-Koop, Andrea: Das besondere Kind im Mathematikunterricht der Grundschule. Mildenberger, Offenburg 1998, Seite 119–140.
5 Vgl. Selter/Spiegel (1997), Seite 11–12.
6 Die meisten Erwachsenen lösen diese Aufgabe vermutlich dadurch, dass sie die zwölf Zahlen nacheinander zusammenzählen. Sven hingegen wählte eine andere Vorgehensweise. Er bemerkte, dass die zwölf Zahlen allesamt in der Nähe der 10 lagen. 12 · 10 = 120 war nicht schwer für ihn. Die 120 nahm er nun als Ausgangspunkt für seine weiteren Überlegungen. Da die erste Zahl nicht 10, sondern 9 war, musste Sven von 120 eine 1 abziehen, also bekam er 119 als Zwischenresultat. Die zweite Zahl war 12, also 2 mehr als 10, sodass er zu 119 eine 2 addierte und 121 erhielt. Im Folgenden ermittelte er jeweils den Unterschied der einzelnen Summanden zur 10 und zählte ihn zum vorangehenden Resultat dazu oder zog ihn ab. Wenn er auf eine 10 stieß, brauchte er nichts am Zwischenresultat zu ändern. So gelangte er schließlich zum korrekten Endresultat 122.
7 Von Anita Winning, in: Selter/Spiegel (1997), Seite 112.
8 Vgl. Selter/Spiegel (1997), Seite 14–15.
9 Hughes, Martin: Children and Number – Difficulties in Learning Mathematics. Blackwell, New York 1986, Seite 46.

Kapitel 3
1 Vgl. Selter/Spiegel (1997), Seite 36–38.
2 Vgl. Jong, Rob de: Wiskobas in methoden. OW & OC, Utrecht 1986, oder Klein, Anton S.: Flexibilization of mental arithmetic strategies on a different knowledge base. CD-ß Press, Utrecht 1998.
3 Trickett, Liz/ Sulke, Frankie: Mathematikunterricht mit schulschwachen Kindern: Fördern heißt fordern! In: Die Grundschulzeitschrift, Heft 68. 1993, Seite 35–38. Scherer, Petra: Entdeckendes Lernen im Mathematikunterricht der Schule für Lernbehinderte. Winter, Heidelberg 1995. Moser Opitz, Elisabeth: Zählen, Zahlbegriff, Rechnen. Theoretische Grundlagen und eine empirische Untersuchung zum mathematischen Erstunterricht in Sonderklassen. Huber, Bern 2001. Walter, Jürgen/ Suhr, Kristina/Werner, Birgit: Experimentell beobachtete Effekte zweier Formen von Mathematikunterricht in der Förderschule. In: Zeitschrift für Heilpädagogik, Heft 52. 2001, Seite 143–151.

Kapitel 4
1 Vgl. Wittmann, Erich Ch./Müller, Gerhard N.: Das Zahlenbuch. 1. Schuljahr. Lehrerhandbuch, Klett, Leipzig 1994, Seite 25–26.
2 Vgl. Kahl, Rainer: Lob des Fehlers. In: Brügelmann, Hans/Balhorn, Heiko/Füssenich, Iris (Hg.): Am Rande der Schrift. Libelle, Lengwil 1995, Seite 14–24, hier: Seite 21.
3 Jost, Dominik/Erni, Jakob/Schmassmann, Margret (Hrsg.): Mit Fehlern muß gerechnet werden. Sabe, Zürich 1997, Seite 33–34.
4 Beispiele aus Radatz, Hendrik: Fehleranalysen im Mathematikunterricht. Vieweg, Braunschweig 1980, Seite 76.
Bei a) wurde von links nach rechts gerechnet statt von rechts nach links, also beim ersten Beispiel: 6 + 7 = 13, schreibe 1, merke 3; dann 1 + 8 = 9, plus die gemerkten 3 sind 12, schreibe 1, merke 2; schließlich: 8 + 2 = 10, plus die gemerkten 2 sind 12, schreibe zuerst die 1 dann die 2. Die Fehllösung bei der dritten Aufgabe lautet dann 917. Bei b) wird der letzte Übertrag in die so genannte Tausenderspalte nicht vollzogen. Das Ergebnis ist damit um 1000 zu niedrig. Die Fehllösung lautet dann 501. Bei c) wurde subtrahiert statt addiert. Die dritte Aufgabe hat dann konsequenter Weise das Resultat 389. Bei d) schließlich hat das Kind 0 plus irgendeine Zahl gleich 0 gerechnet (vermutlich hat das auch damit zu tun, dass 0 mal irgendeine Zahl gleich 0 ist). Die Fehllösung lautet 9083.
5 Berichtet von Lita Ulrike Brandner.
6 Holt, John: Chancen für unsere Schulversager. Lambertus, Freiburg i. Br. 1969, Seite 110–111.

7 Brügelmann, Hans (Hg.): Kinder lernen anders. Lengwil: Libelle 1998.
8 Leicht gekürzte Fassung von Jule & Hartmut Spiegel: Kinder. In: Die Grundschulzeitschrift 104 /1997), Materialteil S. 18

Kapitel 5

1 Dieser Ausschnitt entstammt dem Text ‚Von der Heilung eines Mathephobikers', verfasst von Jürgen Sikora, siehe: http://math-www.uni-paderborn.de/~hartmut/Sokratik/Sikora_J_Erfahrungsbericht.pdf
2 Enzensberger, Hans Magnus: Der Zahlenteufel. Ein Kopfkissenbuch für alle, die Angst vor der Mathematik haben. Hanser, München/Wien 1997.
3 Wheeler, David (Hg.): Modelle für den Mathematikunterricht in der Grundschule. Klett, Stuttgart 1970, Seite 8.
4 Freudenthal, Hans: Mathematik – eine Geisteshaltung. In: Grundschule. Heft 4, 1982, Seite 140 – 142.
5 Im vorangehenden Abschnitt haben Sie herausgefunden, dass man Summen von Reihenfolgezahlen mit einem abgekürzten Verfahren berechnen kann, nämlich als ein Produkt einer ungeraden Zahl (das ist je nach Beispiel entweder die Anzahl der Summanden oder die Pärchensumme) mit einer anderen Zahl. Wenn man also irgendeine der Zahlen der Bauart: 2, 2 · 2, 2 · 2 · 2, 2 · 2 · 2 · 2, 2 · 2 · 2 · 2 · 2 als Summe von Reihenfolgezahlen schreiben könnte, müsste man sie gleichzeitig auch als Produkt einer ungeraden Zahl mit einer anderen Zahl schreiben können. Man müsste sie also auch durch diese ungerade Zahl teilen können. Das kann nicht gehen, weil es keine ungerade Zahl geben kann, durch die eine Zweierpotenz geteilt werden kann.
6 Aus: Enzensberger, Hans Magnus (1997): s.o., S. 251– 253.
7 In Anlehnung an: Bosch, Karl: Lotto und andere Zufälle. Vieweg, Braunschweig/Wiesbaden 1994, Seite 161–162.

Kapitel 6

1

2 In Anlehnung an das Buch. Spiegel, Hartmut: Spiegeln mit dem Spiegel. Klett, Leipzig 1996. Bis auf die Nummer 2 lassen sich übrigens alle Bilder mit einem Spiegel erzeugen.
3 Abb. nach Görner, A./Nestle, F.: Eins Zwei Drei … Mathematik im 4. Schuljahr. Herder, Freiburg 1981, Seite 87.
4 In Anlehnung an: Erichson, Christa: 8 Tage durch 4 Freundinnen macht 2 Negerküsse. In: Die Grundschulzeitschrift, Heft 22. 1991, Seite 12 –16.
5 Aus: Wittmann, Erich Ch./Gerhard N. Müller und andere: Das Zahlenbuch. Mathematik im 4. Schuljahr. Klett, Leipzig 1997, Seite 0 – 1.

Kapitel 7

1 Faust-Siehl, Gabriele u. a.: Die Zukunft beginnt in der Grundschule. Arbeitskreis Grundschule, Frankfurt 1996, Seite 121. Dieses empfehlenswerte Buch des ‚Grundschulverband – Arbeitskreis Grundschule' beschreibt in gut verständlicher Weise Perspektiven für die Grundschule am Beginn des 21. Jahrhunderts. Der Grundschulverband vertritt die Interessen der Kinder, Lehrerinnen und Lehrer sowie der Eltern (www.grundschulverband.de).
2 Für die Aussagen dieses und des nächsten Abschnitts, vgl. Brügelmann, Hans (Hg.): Was leisten unsere Schulen? Kallmeyer, Seelze 1999, Seite 6 – 20.
3 Ingenkamp, Karlheinz: Schulleistungen – damals und heute. Beltz, Weinheim 1967, Seite 20; zitiert in: Brügelmann, Hans (1999), Seite 8.
4 Vgl. Baumert, Jürgen und andere (Hg.): PISA 2000: Basiskompetenzen von Schülerinnen und Schülern im internationalen Vergleich. Leske + Budrich, Opladen 2001 bzw. Baumert, Jürgen u. a.: PISA 2000 – Die Länder der Bundesrepublik im Vergleich. Leske + Budrich, Opladen 2001. Vgl. auch: www.mpib-berlin.mpg.de/pisa/
5 Quelle: OECD/PISA: Beispielaufgaben Mathematik.
6 Vgl. Brügelmann (1999), Seite 18.
7 Vgl. zum Beispiel die Arbeit des Forschungs- und Entwicklungsprojekts „mathe 2000" unter http://www.mathematik.uni-dortmund.de/didaktik/mathe2000/index.html.
8 Brügelmann, Hans: Öffnung des Unterrichts. Befunde und Probleme aus der Forschung. In: Brügelmann, Hans u. a. (Hg.): Jahrbuch Grundschule ´98. Kallmeyer, Seelze 1998, Seite 31– 34.
9 Vgl. auch Sundermann, Beate/Christoph Selter: Fünf Leitideen zu „Leistung im Mathematikunterricht". In: Baum, Monika/Wielpütz, Hans (Hg.): Mathematik im Schulprogramm. Kallmeyer, Seelze 2003.
10 Autor(in) unbekannt
11 Faust-Siehl u. a. (1996), Seite 124 –125.
12 Bartnitzky, Horst: Ohne Noten geht es besser. In: Grundschulverband aktuell, Nr. 56. 1996, Seite 3 – 7. Interessenten mögen auch lesen: Ingenkamp, Karlheinz: Die Fragwürdigkeit der Zensurengebung. Beltz, Weinheim 1995.

Kapitel 8

1. Brügelmann, Hans: Keine Drei-Klassen-Gesellschaft bei Lernschwierigkeiten. Gutachten zur fachlichen Einschätzung des bayrischen Erlasses zur „Förderung von Schülern mit besonderen Schwierigkeiten beim Erlernen des Lesens und des Schreibens" vom 16.11.99. In: GEW (Hg.): Der neue Legasthenie-Erlass. Eine Dokumentation der Gewerkschaft Erziehung und Wissenschaft. GEW, München 2001 Seite 50 – 71. www.uni-siegen.de/~agprim/
2. Schipper, Wilhelm (2001): Thesen und Empfehlungen zum schulischen und außerschulischen Umgang mit Rechenstörungen. Gutachten im Auftrag der Konferenz der Kultusminister. Download unter: www.uni-bielefeld.de/idm/publikationen/occpap.html
3. Nach Lorenz/Radatz (1993), Handbuch des Förderns, Schroedel, Hannover: 1993, Seite 11– 13.
4. Vgl. Schipper (2001).
5. Aus Radatz, Hendrik: Schülervorstellungen von Zahlen und elementaren Rechenoperationen. In: Beiträge zum Mathematikunterricht 1989. Franzbecker, Bad Salzdetfurth 1989, S. 306 – 309.
6. Der vollständige Brief ist veröffentlicht unter math-www.uni-paderborn.de/~hartmut/AndereTexte/BrandnerVonAnna.pdf
7. Vgl. Schipper (2001).
8. Mann, Iris: Ich war behindert anhand der Lehrer und Ärzte. Beispiele für Nicht-Aufgaben. Beltz, Weinheim/Basel 1991, Seite 16 –17.
9. Lorenz, Jens Holger: Lernschwache Rechner fördern. Cornelsen, Berlin 2003.
10. Brügelmann, Hans (1997): „Fördern durch Fordern". Vorschlag für einen Brillenwechsel im Umgang mit Lernschwierigkeiten. In: Balhorn, Heiko/Niemann, Heide (Hg.): Sprachen werden Schrift. Libelle, Lengwil 1997, Seite 20 –29. Das Zitat stammt von Seite 21.
11. Wittmann, Erich (2001): Ein alternativer Ansatz zur Förderung „rechenschwacher" Kinder. http://www.mathematik.uni-dortmund.de/didaktik/mathe2000/_publikationen/index.htm(Online-Dokumente).
12. Trickett, Liz/Sulke, Frankie: Mathematikunterricht mit schulschwachen Kindern: Fördern heißt fordern! In: Die Grundschulzeitschrift. Heft 68. 1993, Seite 35 – 38. Scherer, Petra: Entdeckendes Lernen im Mathematikunterricht der Schule für Lernbehinderte. Winter, Heidelberg 1995. Moser Opitz, Elisabeth: Zählen, Zahlbegriff, Rechnen. Theoretische Grundlagen und eine empirische Untersuchung zum mathematischen Erstunterricht in Sonderklassen. Huber, Bern 2001. Walter, Jürgen/Suhr, Kristina/Werner, Birgit: Experimentell beobachtete Effekte zweier Formen von Mathematikunterricht in der Förderschule. In: Zeitschrift für Heilpädagogik, Heft 52. 2001, Seite 143 –151.

Kapitel 9

1. Aus : Roald Dahl: Matilda. Rowohlt, Reinbek 1994, Seite 48–52. Deutsche Übersetzung von Sybil Gräfin Schönfeldt. © 1989 by Rowohlt Verlag GmbH, Reinbek bei Hamburg.
2. Aus: Käpnick, Friedhelm (2001): Mathe für kleine Asse. Volk und Wissen, Berlin 2001, Seite 7–8.
3. vgl. www.dghk.de (Deutsche Gesellschaft für das hoch begabte Kind).
4. Zum Beispiel: Feger, Barbara/Prado, Tanja M.: Hochbegabung: Die normalste Sache der Welt. Primus, Darmstadt 1998. Mönks, Franz J./Ypenburg, Irene H.: Unser Kind ist hochbegabt. Reinhardt, München/Basel 2000.
5. Als weiterführende Literatur speziell für den Bereich Mathematik empfehlen wir Käpnick, Friedhelm: Mathe für kleine Asse. Volk und Wissen, Berlin 2001.
6. Aus: Käpnick, Friedhelm: Mathematisch begabte Grundschulkinder: Besonderheiten, Probleme und Fördermöglichkeiten. In: Andrea Peter-Koop (Hg.): Besondere Kinder im Mathematikunterricht. Mildenberger, Offenburg 1998, S. 30 – 31.
7. Vgl. Käpnick (2001), Seite 11 ff.
8. Vgl. auch Käpnick: Mathematisch begabte Kinder. Lang, Frankfurt 1998, S. 108 –119.
9. Aus Käpnick, Friedhelm (2001), Seite 14 –15.
10. Vgl. unsere entsprechenden Ausführungen zu Lernschwierigkeiten.
11. Vgl. beispielsweise den baden-württembergischen Modellversuch ‚Schulanfang auf neuen Wegen', www.kultusministerium.baden-wuerttemberg.de/schule.html.
12. Vgl. Peter-Koop, Andrea/Selter, Christoph (Hg.): Leistungsstarke Kinder im Mathematikunterricht. Die Grundschulzeitschrift, Heft 160. 2002.
13. Für Anregungen siehe besonders Käpnick (2001), aber auch Dahl, Kristin: Wollen wir Mathe spielen? Witzige Spiele und knifflige Rätsel. Oetinger, Hamburg 2000. Dahl, Kristin/Nordquist, Sven: Zahlen, Spiralen und magische Quadrate. Mathe für jeden. Oetinger, Hamburg 1996. Langdon, Nigel/Snape, Charles: Mathematische Schatzkiste. Klett, Leipzig 1997. Christiani, Reinhold (Hg.): Auch die leistungsstarken Kinder fördern. Cornelsen Scriptor, Frankfurt/M. 1994. Oberdorfer, Gerd: Phänomenale Mathe-Magie. Experimente aus dem Bereich der Mathematik. Technorama-Zytglogge-Werkbuch, Bern 1994. Radatz, Hendrik/Rickmeyer, Knut: Aufgaben zur Differenzierung im Mathematikunterricht der Grundschule. Schroedel, Hannover 1996. Snape, Charles/Scott, Heather: Mathematische Wundertüte. Klett, Leipzig 1995. Wittmann, Erich Ch./Müller, Gerhard N.: Spielen und Überlegen: Die Denkschule. 2 Bände. Klett, Leipzig 1997/98.